工商管理与实践应用

冯 奇 著

哈尔滨出版社
HARBIN PUBLISHING HOUSE

图书在版编目（CIP）数据

工商管理与实践应用 / 冯奇著. -- 哈尔滨 ： 哈尔
滨出版社，2024.5

ISBN 978-7-5484-7930-7

Ⅰ．①工… Ⅱ．①冯… Ⅲ．①工商行政管理－研究
Ⅳ．①F203.9

中国国家版本馆CIP数据核字(2024)第110887号

书　　名：**工商管理与实践应用**
GONGSHANG GUANLI YU SHIJIAN YINGYONG

作　　者：冯　奇　著

责任编辑：韩伟锋

封面设计：张　华

出版发行：哈尔滨出版社 (Harbin Publishing House)

社　　址：哈尔滨市香坊区泰山路 82-9 号　邮编：150090

经　　销：全国新华书店

印　　刷：廊坊市广阳区九洲印刷厂

网　　址：www.hrbcbs.com

E－mail：hrbcbs@yeah.net

编辑版权热线：（0451）87900271　87900272

开　　本：787mm×1092mm　1/16　印张：13.75　字数：300 千字

版　　次：2024 年 5 月第 1 版

印　　次：2024 年 5 月第 1 次印刷

书　　号：ISBN 978-7-5484-7930-7

定　　价：76.00 元

凡购本社图书发现印装错误，请与本社印制部联系调换。

服务热线：（0451）87900279

前　言

　　随着全球经济的不断发展和市场竞争的日益激烈，工商管理作为组织运营和战略决策的核心，越来越受到企业和学术界的广泛关注。工商管理理论与实践应用的紧密结合，不仅能够指导企业高效运营，也是推动经济持续发展的重要力量。本文旨在探讨工商管理理论与实践应用之间的关系，以及如何在现代企业中有效融合二者，从而为企业带来实际的竞争优势和长期的发展动力。

　　在当前的经济环境下，企业面临着前所未有的挑战与机遇。一方面，技术进步、消费者需求多样化、国际贸易形势变化等因素对企业运营和管理提出了更高的要求；另一方面，数字化、网络化等新经济形态为企业带来了新的增长点和竞争优势。因此，深入研究工商管理理论，并将其灵活应用于实践中，对于提升企业竞争力、实现可持续发展具有重要意义。

　　通过本书研究，我们期望能够促进工商管理理论与实践的深度融合，为我国工商管理领域发展起到一定积极作用。

编者

2024 年 7 月 15 日

目　录

第一章　工商管理概述

第一节　工商管理的概念及历史沿革

工商管理是研究营利性组织经营活动规律及企业管理的理论、方法与技术的学科。如何充分调动员工的积极性，如何削减商业成本，如何抓住稍纵即逝的商机，如何根据市场前景制定企业的发展战略，这些都是工商管理需要研究和解决的问题。国家教育部门和各高等院校设立工商企业管理专业教学课程，旨在培养适应我国企业改革和发展需要的德、智、体全面发展，具有良好的知识结构、较高的管理素质和较强的创新精神，能独立从事企事业部门所需的管理人才、技能人才、社会工作者、农村人才等。企业管理人才队伍学习和掌握现代管理理论、创新的管理模式、现代信息手段应用以及全球化观点，并与我国企业管理的实践有机结合，可以不断推动我国企业管理水平的提高，并为我国工商业的发展奠定强大的支撑基础。

一、工商行政管理相关概念释义

工商行政管理是指一个国家或一个区域的各种企业组织的宏观指导、政策调控与行政监管。这里须清楚行政管理与工商行政管理这两个基本概念。

（一）行政管理的内涵与特征

1. 行政管理内涵

行政管理（Administration Management）是运用国家权力对社会事务的一种管理活动，也可以泛指一切企业、事业单位的行政事务管理工作。广义上是指国家政治目标的执行，包括立法、行政、司法等。狭义上是指国家行政机关对社会公共事务的管理，又称为公共行政。

自从国家产生以来，就有了行政管理，但是直到19世纪末才开始成为一门学科。它经历了从19世纪末至20世纪20年代初的传统管理时期。在此期间，德国学者施泰因首先提出"行政学"一词。1887年美国学者威尔逊发表了《行政学的研究》一文。1900年美国行政学家古德诺提出政治与行政分离的主张。1926年美国学者怀特对行政学研究的主要内容进行了系统的论述，开始形成行政学的体系。这一时期行政学以研究政府行政效率和节省开支为目标，主张政治与行政分离，实现组织系统化、工作方法程序化、机关事务计划化、工作要求标准化等，以达到权责分明、追求实效。20世纪20~50年代的科学管理时期，许多行政学家根据泰罗的科学管理理论，把目标分解成若干层次的小目标，并为实现每个目标建立合理的组织机构。从20世纪50年代至今的系统管理时期，许多行政管理学家把20世纪40年代以来出现的信息论、控制论、运筹学等理论和方法用来研究行政管理，同时由于行政管理涉及面愈来愈广，需要考虑的因素愈来愈多，进而把行政管理作为一个系统来研究。

2. 行政管理的特征

一是一切行政活动都是直接或间接与国家权力相联系，以国家权力为基础的；二是行政管理是根据国家法律推行政务的组织活动，在执行中又能动地参与和影响国家立法和政治决策，制定政策是行政管理的一种重要活动方式；三是行政管理既管理社会的公共事务，又执行统治阶级的政治职能；四是行政管理要讲究管理的效能和效率，通过计划、组织、指挥、控制、协调、监督和改革等方式，最优地实现预定的国家任务，并达到应有的社会效果；五是行政管理是人类改造社会实践活动的一个特定领域，有它自身发展的客观规律性。

（二）工商行政管理的概念与主要职责

1. 工商行政管理的概念

工商行政管理，是指国家为了建立和维护市场经济秩序，通过市场监督管理和行政执法等机关，运用行政和法律手段，对市场经营主体及其市场行为进行的监督管理。中华人民共和国国家市场监督管理总局（原中华人民共和国国家工商行政管理总局）是国务院主管市场监督管理和有关行政执法工作的直属机构，它既是经济监督机关，也是行政执法机关，还是全国工商行政管理系统的最高职能部门。市场监督管理总局作为我国的政府工作部门，代表国家对经济、文化事务进行规范和引导。它一般就这些事务进行管理：消费者权益保护、市场规范管理、企业登记、外资登记、广告监管、个体私营监管、商标注册及商标评审等。

2. 工商行政管理的主要职责

工商行政管理的主要职责如下。

（1）负责市场监督管理和行政执法的有关工作，起草有关法律法规草案，制定工商行政管理规章和政策。

（2）负责各类企业、农民专业合作社和从事经营活动的单位、个人以及外国（地区）企业常驻代表机构等市场主体的登记注册并监督管理，承担依法查处取缔无照经营的责任。

（3）承担依法规范和维护各类市场经营秩序的责任，负责监督管理市场交易行为和网络商品交易及有关服务的行为。

（4）承担监督管理流通领域商品质量和流通环节食品安全的责任，组织开展有关服务领域的消费维权工作，按分工查处假冒伪劣等违法行为，指导消费者咨询、申诉、举报受理、处理和网络体系建设等工作，保护经营者、消费者的合法权益。

（5）承担查处违法直销和传销案件的责任，依法监督管理直销企业和直销员及其直销活动。

（6）负责垄断协议、滥用市场支配地位、滥用行政权力排除限制竞争方面的反垄断执法工作（价格垄断行为除外）。依法查处不正当竞争、商业贿赂、走私贩私等经济违法行为。

（7）负责依法监督管理经纪人、经纪机构及经纪活动。

（8）依法实施合同行政监督管理，负责管理动产抵押物登记，组织监督管理拍卖行为，负责依法查处合同欺诈等违法行为。

（9）指导广告业发展，负责广告活动的监督管理工作。

（10）负责商标注册和管理工作，依法保护商标专用权和查处商标侵权行为，处理商标争议事宜，加强驰名商标的认定和保护工作。负责特殊标志、官方标志的登记、备案和保护。

（11）组织指导企业、个体工商户、商品交易市场信用分类管理，研究分析并依法发布市场主体登记注册基础信息、商标注册信息等，为政府决策和社会公众提供信息服务。

（12）负责个体工商户、私营企业经营行为的服务和监督管理。

具体来说，工商行政管理监管内容包括：食品安全监管、商品质量监管、服务消费监管、保护注册商标专用权、广告监管执法、打击传销规范直销、反垄断与反不正当竞争、查处取缔无照经营和社会治安综合治理等。

二、工商企业的内涵释义

要想掌握工商企业管理的基本概念，我们首先要对与"工商企业管理"相关的知识有所了解。

（一）工商企业概念的界定

1. 工商企业的定义与分类

工商企业是从事生产、流通、服务等经济活动，以生产或服务满足社会需要，实行自主经营、独立核算，依法设立的一种营利性的经济组织。简言之，工商企业就是指依法设立的以营利为目的、从事商品的生产经营和服务活动的独立核算经济组织。在商品经济范畴，企业作为组织单元的多种模式之一，是按照一定的组织规律有机构成的经济实体，一般以营利为目的，以实现投资人、客户、员工、社会大众的利益最大化为使命，通过提供产品或服务换取收入。它是社会发展的产物，因社会分工的发展而成长壮大。工商企业是独立的营利性组织，有以下多种分类形式。

（1）按投资人的出资方式和责任形式可进一步分为公司制企业和非公司制企业，合伙制企业、个人独资企业、个体工商户等就属于非公司制企业。

（2）按投资者的不同可分为内资企业、外商投资企业和我国港、澳、台商投资企业等。

（3）按所有制结构可分为全民所有制企业、集体所有制企业和私营企业。

（4）按股东对公司负责程度的不同分为无限责任公司、有限责任公司、股份有限公司。

（5）按企业管理隶属关系可分为母公司、子公司。

（6）按企业规模可分为大型企业、中型企业和小型企业。

（7）按经济部门或行业类别不同可分为工业企业、商业企业、金融企业、农业企业、服务企业、交通运输企业、建筑企业、邮电通信企业等。

传统的企业大多是劳动密集型企业，现代的高科技企业大多是知识创造型企业，中国的企业正在向知识经济型企业转型。

社会进入信息时代后，一是要求企业用信息技术来强化企业的管理、生产和经营，企业要创造更多的经济效益就必须借助信息技术来提高企业的生产效率和管理水平。二是进入信息时代又形成了一些新型信息化的网络企业，如软件设计与开发、游戏开发、系统集成、网络工程、企业信息化、网站设计与开发、网页制作、电子商务、通信系统开发集成、自动化控制系统开发与集成、自动化工程、软件销售、技术支持、技术服务、技术培训等。

在 20 世纪后期中国内地改革开放与现代化建设，以及信息技术领域新概念大量涌入的背景下，"企业"一词的用法有所变化，并不限于商业性组织或营利性组织。随着社会的发展，真正有发展潜力的企业肯定是公司类型的企业。

2. 工商企业组织形式

根据市场经济的要求，现代企业的组织形式按照财产的组织形式和所承担的法律责任划分。

合伙企业是由几个人、几十人甚至几百人联合起来共同出资创办的企业。它不同于所有权和管理权分离的公司企业，通常是依合同或协议组织起来的，结构较不稳定。合伙人对整个合伙企业所欠的债务负有无限的责任。合伙企业不如独资企业自由，决策通常要合伙人集体做出，但它具有一定的企业规模优势。

公司企业是将所有权和管理权分离，出资者按出资额对公司承担有限责任创办的企业，主要包括有限责任公司和股份有限公司。

有限责任公司指不通过发行股票，而由为数不多的股东集资组建的公司（一般由 2 人以上 50 人以下共同出资设立），其资本无须划分为等额股份，股东在出让股权时受到一定的限制。在有限责任公司中，董事和高层经理人员往往具有股东身份，使所有权和管理权的分离程度不如股份有限公司那样高。有限责任公司的财务状况不必向社会披露，公司的设立和解散程序比较简单，管理机构也比较简单，比较适合中小型企业。

股份有限公司是把全部资本划分为等额股份，通过发行股票筹集资本的公司，又分为在证券市场上市的公司和非上市的公司。股东一旦认购股票，就不能向公司退股，但可以通过证券市场转让其股票。股份有限公司的优势是：经过批准，它可以向社会大规模地筹集资金，使某些需要大量资本的企业在短期内得以成立，有利于资本的市场化和公众化，将企业经营置于社会大众的监督之下。当股东认为企业经营不善时，会抛售股票，这成为对公司经理人员的强大外部约束力量。但股份有限公司的创办和歇业程序复杂，公司所有权和管理权的分离带来两者协调上的困难，同时由于公司要向外披露经营状况，商业秘密难于保守。这种组织形式比较适合大中型企业。

公司企业属法人企业，出资者以出资额为限承担有限责任，是现代企业组织中的一种重要形式，它有效地实现了出资者所有权和管理权的分离，具有资金筹集广泛、投资风险有限、组织制度科学等特征，在现代企业组织形式中具有典型性和代表性。

随着我国社会主义市场经济体制的建立和完善及世界经济一体化进程的加快，公司企业将成为我国企业组织形式的主体。公司企业为了扩大规模，必定不断进行再投资，投资过程将会成立众多分支机构。根据分支机构与公司企业的关系是受控还是所属，可分为母子公司与总分公司。如果新办企业是原公司企业所属就称为总公司与分公司的关系；如果新办企业是原公司所控制，则称为母公司与子公司的关系。区分总分公司与母子公司的关键是看新办公司与原公司是否为同一法人主体。一般认为，分公司是总公司的派出机构，与总公司是同一法人实体，从而两者间适用汇总纳税，直接抵扣有关税收规定。而母公司虽然控制着子公司的部分股权，但在法律上认定二者之间是非同一法人实体的关系，因而不能按汇总纳税等规定来处理母公司和子公司在税务方面的联系。一些国家在公司法规中规定，企业之间具有母子关系者必须以一家公司拥有另一家公司至少50%以上的股权为准，而另一些国家则没有明确规定数量标准。但税收协定规定的母子企业的标准，则以"直接或间接控制另一企业的生产经营"为准。

　　不同的企业组织形式会有不同的税负水平，因此，投资者在组建企业或拟设立分支机构时，就必须考虑不同企业组织形式给企业带来的影响。

　　从公司企业与合伙企业的比较来看，大多数国家对公司和合伙企业实行不同的纳税规定。公司的营业利润在企业环节课征公司税，税后利润作为股息分配给投资者，投资者还要缴纳一道个人所得税。而合伙企业则不作为公司看待，营业利润不缴公司税，只课征各个合伙人分得个人收益的个人所得税。例如某纳税人甲经营一家企业，年盈利400 000元，该企业若采用合伙形式经营（假设由4人合伙设立），依现行税制规定需缴纳个人所得税133 250元（400 000×35%-6750，其中35%为个人所得税税率，6750为个人所得税最低征税金额），税后利润为266 750元。若按公司企业形式组织经营，则除缴纳公司所得税132 000元（400 000×33%，其中33%为企业所得税税率）外，税后利润268 000元，假设全部作为股息分配，则还需缴纳个人所得税87 050元（268 000×35%-6750），其税后净收益为180 950元（268 000-87 050）。与前者相比，多负担所得税85 800元。因此，面对公司税负重于合伙企业的情况，纳税人便会做出不组织公司而办合伙企业的决策。当然，以什么样的形式组建企业，并不只考虑税收问题。

　　从子公司与分公司的比较来看，由于各国的税负水平不同，一些低税国、低税地区可能对具有独立法人地位的投资者的利润不征税或只征较低的税收，并与其他国家、地区广泛签订税收协定，对分配的税后利润不征或少征预提税。因此跨国纳税人常乐于在这些低税国家和地区建立子公司或分公司，用来转移利润，躲避高税国税收。当然，子公司和分公司在税负水平上仍有区别，这就要求一个企业在国外或外地投资时，必须在建立子公司和分公司之间进行权衡。子公司是相对于母公司而言，分公司是相对于总公司而言，它们是现代大公司企业设立分支机构常见的组织形式。大多数国家对公司法人（子公司）和分公司在税收上有不同的规定，在税率、税收优惠政策等方面也互有差别。

（二）工商企业存在的本质

1937 年，美国经济学家科斯发表的《企业的本质》一文，被认为是对这一问题进行探讨的开端。

在此之前，企业本身的性质是一个被传统的微观经济学理论忽略的问题。在传统的微观经济学理论中，厂商的生产过程被看成一个"黑匣子"，即企业被抽象成一个由投入到产出的追求利润最大化的"黑匣子"。

1. 交易成本

目前，关于企业性质问题，西方经济学家具有不同观点，相互之间也存在一些争论。一部分西方经济学家主要从科斯所强调的交易成本的角度分析企业的性质。

什么是交易成本呢？任何交易都可以看作是交易双方所达成的一项契约。所谓交易成本可以看作是围绕交易契约所产生的成本。根据科斯等人的观点，一类交易成本产生于签约时交易双方面临的偶然因素所带来的损失。这些偶然因素或者是由于事先不可能被预见到而未写进契约，或者虽然能被预见到，但由于因素太多而无法写进契约。另一类交易成本是签订契约，以及监督和执行契约所花费的成本。

2. 企业本质

企业的本质是什么？或者说，企业为什么会存在呢？一些西方经济学家认为，企业作为生产的一种组织形式，在一定程度上是对市场的一种替代。可以设想两种极端的情况。在一种极端的情况下，每一种生产都由一个单独的个人来完成，如一个人制造一辆汽车。这样，这个人就要和很多的中间产品的供应商进行交易，而且还要和自己产品的需求者进行交易。在这种情况下，所有的交易都通过市场在很多的个人之间进行。在另一种极端的情况下，经济中所有的生产都在一个庞大的企业内部进行，如完整的汽车在这个企业内部被生产出来，不需要通过市场进行任何中间产品的交易。由此可见，同一笔交易，既可以通过市场的组织形式来进行，也可以通过企业的组织形式来进行。企业之所以存在，或者说，企业和市场之所以同时并存，是因为有的交易在企业内部进行成本更小，而有的交易在市场进行成本更小。

3. 市场配置

那么市场配置资源的优势与企业配置资源的优势各在哪里呢？

具体地说，市场主要有哪些优势呢？对于在市场上购买中间产品而言，由于大量的厂商一般都从少数几个供应商那里买货，这就有利于这几个供应商实现生产上的规模经济和降低成本。而且，中间产品供应者之间的市场竞争压力，也迫使供应商努力降低生产成本。此外，当少数几个供应商面对众多的中间产品的需求者时，这几个供应商可以避免由于销路有限而造成的需求不稳定可能带来的损失，从而在总体上保持一个稳定的销售额。

企业又主要有哪些优势呢？首先，厂商在市场上购买中间产品是需要花费交易成本的，它包括企业在寻找合适的供应商、签订合同及监督合同执行等方面的费用。如果厂商能够在企业内部生产一部分中间产品，就可以消除或降低一部分交易成本，而且，还可以更好地保证产品的质量。其次，如果某厂商所需要的是某一特殊类型的专门化设备，而供应商一般不会愿意在只有一个买主的产品上进行专门化的投资和生产，因为这种专有化投资的风险比较大，因此，需要该专门化设备的厂商就需要在企业内部解决专门化设备的问题。最后，厂商雇用一些具有专门技能的雇员，如专门的产品设计、成本管理和质量控制等人员，并与他们建立长期的契约关系。这种办法要比从其他厂商那里购买相应的服务更为有利，从而也消除或降低了相应的交易成本。

西方经济学家进一步指出，导致交易成本在市场和企业这两个组织之间不相同的主要因素在于信息的不完全性。由于信息的不完全性，契约的任何一方都会努力收集和获取自己所没掌握的信息去监督对方的行为，并设法在事先约束和在事后惩罚对方的违约行为等。所有这些做法，都会产生交易成本。由于这些做法在市场和企业中会各自采取不同的形式，所以相应的交易成本也不相同。特别是在信息不对称的条件下，在市场交易过程中，以上这些做法所导致的交易成本往往是很高的。因此，通过企业这一组织形式，可以使一部分市场交易内部化，从而消除或降低一部分市场交易所产生的高交易成本。

尽管企业的内部交易会消除或降低一部分市场交易成本，但是，与此同时也带来了企业所特有的交易成本。导致企业这一缺陷的主要原因也同样在于信息的不完全性。具体地说，首先，企业内部存在着各种契约关系，其中包括企业与劳动者的契约关系、企业与管理者的契约关系等。企业要对其所雇用的工人、产品推销员，直至经理等各类人员的工作进行监督，同时还要诱导他们为企业努力工作。所以，企业在签订契约以及在监督和激励方面要花费成本。其次，一方面，企业决策者往往要从下级获取信息；另一方面，企业上层的决策信息又要通过向下级传递而得到实现。这两个不同方向的信息传递，都会因企业规模扩大所带来的隶属层次的增多而被扭曲，从而导致企业效率的损失。再次，企业的下级往往出于利己的动机向上级隐瞒信息或传递错误的信息，以使上级做出有利于下级的决策，或者下级对上级的决策仅传递或执行对自己有利的部分。这些都将导致企业效率的损失。由此可见，企业的扩张是有限制的。根据科斯的理论，企业的规模应该扩张到这样一点，即在这一点上再多增加一次内部交易所花费的成本与通过市场进行交易所花费的成本相等。

（三）工商企业的功能与特征

1. 企业的功能

企业的作用如下。

①企业作为国民经济的细胞，是市场经济活动的主要参加者；②企业是社会生产和流通的直接承担者；③企业是推动社会经济技术进步的主要力量。企业对整个社会经济的发展与进步有着不可替代的作用，从一定意义上讲，企业素质的高低、企业是否适应市场经济发展的要求，直接关系着国民经济状况的

好坏和社会的长治久安。

随着形势的发展和变化，传统意义上的企业已经消亡，无论从形态还是本质上看，都亟须突破传统概念上的企业定义的思维定式。

2. 企业的特征

目前有关学者总结出的当前企业特征如下。

第一，企业的契约性。企业是一个契约性组织。法律契约、行为契约、心理契约等始终贯穿于企业运营管理的主线。

第二，企业的市场性。企业是一个市场性组织。过去，企业作为契约性组织由上级负责；现在，企业是市场性组织，人对市场负责，市场化程度的高低决定了企业盈利能力的高低。

第三，企业的学习性。企业是学习型组织。过去认为企业是制造产品的，现在看来，企业是制造思想的。企业内部有两条价值链：一是意识形态价值链，由信息和知识到能力，再到思想；二是物质形态价值链。

第四，企业的虚拟性。企业的一个发展趋势是向虚拟化组织方向发展。采取虚拟生产、虚拟营销、虚拟运输、虚拟分配的企业不断出现。

第五，企业的模糊性。企业的另一个发展趋势是向无边界组织发展。过去认为企业是有边界的，后来发展了，企业成为无边界的，再后来，企业既有边界又无边界，边界模糊，一切都模糊化。现在看来，一个企业边界，按照边际成本乘以边际收益来看，许多企业边际成本小于边际收益，或者边际成本为零。边际收益不变，那么边际成本、边际收益递增的规律发挥主导作用，即边界可以无限大，这对于企业的运作意义是很大的。

第六，企业的系统性。企业是一个系统性的组织。现在的企业分成两条线：一条线是产品和服务；另一条线是使企业具有持续竞争力的保障系统。一般来讲，国外成功的大企业都是系统化运作，讲究系统性。

第七，企业的网络性。企业是网络化组织。价值链组织对于一个企业来说还不够，它不一定形成一个圈环。成为网络组织，使企业成为链主，企业就要对价值链的运作进行整合，这样企业就可以成为一个联合体。对于中国企业来讲，应该融入这个网络，融入更大的、更多的价值网络。

第八，企业的全球性。企业是全球性组织。过去企业根据木桶理论，决定最短的那根怎么提高利润，把最短的那根补齐，这样企业总处于经营劣势。现在新木桶理论出现了，也就是说短的那一块不做了，就做最擅长的那一块，每个企业都有经营优势，就像每个人做自己最感兴趣的事。成本很低，效率很高。由木桶理论发展到新木桶理论，每个企业根据全球定位，你做一段，我做一段，全球集成，融入全球化过程中，最终的企业就是全球化组织。

第九，企业的体系性。企业是体系性的组织。最终把企业打造成一个体系，也就是让平凡的人做出不平凡的事。具体到一个人很平凡，但成为一个体系就很厉害。通过打造这个体系，使管理达到最高境界，即没有管理；使战略达到最高境界，即没有战略，就像高速公路一样。

第十，企业的诚信性。在企业的运营过程中最重要的就是诚信，这是一个企业的社会责任与道德的基本要求，这一点是无需再争议、讨论的。

（四）工商企业的来源与演化

现代汉语中企业一词的用法源自日语。与其他社会科学领域常用的基本词汇一样，它是在日本明治维新后，大规模引进西方文化与制度的过程中翻译而来的汉字词汇。戊戌变法之后，这些汉字词汇用法被大量由日语引进现代汉语。与企业一词在用法上相关与相似的，还有"业务"一词。在中国内地计划经济时期，"企业"是与"事业单位"平行使用的常用词语，《辞海》1979年版中，"企业"的解释为从事生产、流通或服务活动的独立核算经济单位；"事业单位"的解释为受国家机关领导，不实行经济核算的单位。在20世纪后期，在中国现代化建设以及信息技术领域新概念大量涌入的背景下，"企业"一词的用法有所变化。一方面，非计划经济体制下的"企业"大量涌现；另一方面，在一些新概念中，其内涵不限于商业或营利性组织，这种用法目前主要来自对英文"enterprise"一词的翻译。因此，目前在公共媒体中出现的"企业"一词有两种不同的用法：较常见的用法是指各种独立的、营利性的组织（可以是法人，也可以不是），并可进一步分为公司和非公司企业，后者如合伙制企业、个人独资企业、个体工商户等；另一种用法与组织接近，可以用来泛指公司、学校、社会团体乃至政府机构等，这一种用法主要出现在信息技术应用领域的一些专有名词中，例如企业应用（Enterprise Applications）、企业计算（Enterprise Computing）、企业集成（Enterprise Integration）、企业工程（Enterprise Engineering）、企业架构（Enterprise Architecture）、企业建模（Enterprise Modeling）等。

对于中国而言，企业一词并非我国古文化所固有，和其他现在已经广泛使用的社会科学词汇一样，是在清末变法之际，从日本借鉴而来。而日本则是在明治维新以后，引进西方的企业制度过程中，从西文翻译而来。因此，探寻企业的语源，绝不能从我国和日本的词语构成入手，要着眼于移植的"母体"，即西方语汇。

与企业一词相对应，英语中称为"enterprise"，法语中称为"entreprise"，德语中称为"untemehmen"。由于欧洲语言大多受到拉丁语的强烈影响，且基于历史原因与地理因素，各国之间不断地移植与融合，其词汇构成与内涵极为相似。以英语为例，企业一词由两个部分构成，"enter-"和"-prise"。前者具有"获得、开始享有"的内涵，可引申为"盈利、收益"，后者则有"撬起、撑起"的意思，引申为"杠杆、工具"。两个部分结合在一起，表示"获取盈利的工具"。

日本在引进该词时，意译为"企业"，从字面上看表示的是商事主体企图从事某项事业，且有持续经营的意思。据此可以认为，企业一词在语源意义上是作为权利客体存在的，它是"主体从事经营活动借以获取盈利的工具和手段"或者"创制企业并利用企业进行商事营业活动"，但这并非商事主体的终极目标，其最终目的无非是为了"谋求自我利益的极大化"。

（五）工商企业的政策法规

善于把握国家乃至区域政府与行业部门政策法规，可以为企业发展方向做出正确决策，能给企业带来巨大的发展机遇和利益。利用政策法规的指导作用可以有效促进企业发展和改革；熟悉政策法规还可以有效规避风险和减少损失；遵守相关政策法规，对于规范行业运作、优化企业发展环境具有重要作用。

我国现行与企业有关的重要法规有《中华人民共和国企业国有资产法》《中华人民共和国公司法》《企业国有资产监督管理暂行条例》《国有企业法律顾问管理办法》《企业法人法定代表人登记管理规定》《中华人民共和国企业法人登记管理条例施行细则》《中华人民共和国个人独资企业法》《中华人民共和国合伙企业法（2006 修订）》《中华人民共和国外资企业法》《中华人民共和国外资企业法实施细则》《中华人民共和国中外合作经营企业法》与《中华人民共和国中外合资经营企业法实施条例》等法规。

三、工商企业管理

工商企业管理是指从具体企业的层面上，企业经营管理者对各类企业具体的计划、指挥、领导、组织、协调、控制等经营管理活动，也称之为"工商企业管理"（英文名称直译为 Industry & Business Administration，通常简译为 Business Administration），有时简称"工商管理"或"企业管理"。如前所述，本书主要就是论述与探讨这方面的内容。

（一）管理的内涵释义

1. 管理的定义

管理活动自有人群出现便有之，与此同时管理思想也就逐步产生。所谓管理，是指组织中的管理者，通过实施计划、组织、人员配备、领导、控制等职能协调他人的活动，使他人同自己一起实现既定目标的活动过程。

对于一个具体的工商企业而言，企业内部管理活动包括生产作业管理、战略管理、组织管理、人力资源管理、市场营销管理、财务管理、后勤行政管理等。

2. 管理的基本职能

管理的基本职能的最早提出者是法国著名管理实践家亨利·法约尔（Henri Fayol，1841—1925 年）。法约尔长期从事高层管理工作，对全面管理工作有深刻的体会和了解，积累了丰富的经验。其代表作《工业管理与一般管理》（1916 年）中提出的一般管理理论，对西方管理理论的发展有重大影响，成为管理过程学派的理论基础。法约尔的贡献之一就是提出五大管理职能。管理职能是指管理承担的功能。法约尔最初提出把管理的基本职能分为计划、组织、指挥、协调和控制。后来，又有学者认为人员配备、领导、激励、创新等也是管理的职能。何道谊在《论管理的职能》中，依据业务过程把管理分为目标、计划、实行、检查、控制、调整六项基本职能，加之人力、组织、领导三项人的管理方面的职能，系统地将管理分为九大职能。

3. 管理的发展历程

学习管理知识离不开管理科学。管理科学研究人类社会组织管理活动的客观规律及其应用，是一门跨自然科学、工程科学、技术科学以及人文社会科学的综合性交叉科学。它随着现代社会化大生产的发展而产生，并随着社会与科学技术的发展而发展。

追根溯源，人类早期的管理行为，多产生于生产和军事行动之中。一场稍具规模的生产或军事行动，涉及很多的环节，需要多方面的配合，需要详细的计划和周密的部署，因此，必然涉及一系列管理行为。很多被认为较早涉及管理文化的论述和观点，都散见于人类早期的著作中，比较典型的如我国古代的《孙子兵法》，其中蕴涵了丰富的管理思想，现代企业管理常常借用和移植其中的管理理论、组织方法、领导艺术。

从世界范围讲，管理科学的发展已有近百年的历史。近现代企业管理的理论和实践不断发展，大致经历了经验型管理、古典管理、行为科学管理、非理性主义管理，再到企业文化管理方式五个阶段。

经验型管理方式，顾名思义，即凭借管理者（往往也就是企业所有者）的个体智慧和实践经验对企业实施组织管理，其管理思想并不具备理论形态，具有很大的不确定性，但其中的一些经验对后人产生了重要的启迪作用。

古典管理理论主要是以生产为中心，围绕提高劳动生产率和建立比较严密的组织形式而展开的，包括了以泰罗为代表的科学管理学派和以法约尔、韦伯为代表的组织管理学派。泰罗创立的科学管理理论体系被称为泰罗制，泰罗制的前提是把作为管理对象的"人"看作"经济人"，利益驱动是该学派用以提高生产效率的主要途径。由于泰罗制的实施，企业管理开始从经验管理过渡到科学管理阶段。亨利·法约尔着重分析研究高层管理效率和一般管理原则，他第一个明确阐述了"一般管理"理论，并根据自己总结的管理经验，提出了"十四点管理原则"。马克斯·韦伯对近代管理理论的贡献是提出"理想的组织机构模式"。他认为，行政组织体系应当具有准确性、稳定性、纪律性和可靠性，只有这样才具备提高工作效率的条件。古典管理学研究的重点是组织管理的科学性、严密性和纪律性，但缺乏对人的认识和关怀，排斥人的感情因素，导致了整个社会感情匮乏，扼杀了个人的主动性和创造性。

20 世纪 20 年代至 50 年代，行为科学理论逐渐兴盛。行为科学用人类学、社会学、心理学、经济学、管理学的理论和方法，分析研究人的本性与需要、行为与动机，以达到协调人际关系和提高工作效率的目的。其中，人性假设是行为科学管理理论的出发点，激励理论是它的核心内容，群体行为理论是它的重要支柱，领导行为理论是它的重要组成部分。早期的行为科学侧重于"社会人"研究，关心职工的社会性需求的满足。后期侧重于"自我实现人"的研究，关心职工在其工作中能否自我实现，有无成就感和自我满足的目标追求。同古典管理理论注重提高生产率和强调行政组织的作用不同，行为科学重视人的因素，把对人的管理看作是管理的中心，运用多学科从多角度研究人的行为、心理与管理的关系，这是管理思想的重大变革。行为科学理论的发展，推动了管理思想由物到人的进步。

20 世纪 80 年代以来，全球经济、政治、文化发生了深刻的变化，人们的生产方式、生活方式、交往方式和思维方式不断更新，为管理理论的创新提供了强大的动力。非理性主义理论的兴起，正是西方管理学取得的新进展之一。传统的管理理论认为组织具有明确的意图和目标，可以清楚地加以确定；管理人员运用精确的分析，特别是定量分析，就可以选定能够达到目标的最佳办法，从而做出合理决策，即一切都是理性化的。非理性主义的管理理念把当代科学理论成果如系统论、控制论、决策理论、模糊理论等应用于管理规划和管理流程中，它认为，具有社会性的人类，并不仅仅严格按照事实或逻辑来采取行动，无论在什么地方，完全理性地、合乎逻辑地支配行为的人几乎找不到。人的动机和意图的确定是一个复杂的过程，很难清晰地推知和直截了当地加以选择。

目标的选择涉及人的价值取向，与其说靠清晰的思考，不如说取决于影响个人的各种社会因素和心理因素，而且组织管理的过程，不仅仅是决策制定的过程，还包括了执行过程和创新过程，而后两个过程更是充满了变化和强烈的个人感情色彩。所以，科学、合理的管理模式应当是"非理性"的，"人的问题要求人性地解决"，完全理性必然把人机器化，进而破坏人生的价值和意义。从认识论的角度来看，传统的理性管理模式是在一定历史条件下，将各要素加以简单化和抽象化后所概括出来的一整套明确的规章制度与工作方法，属于精确性认识。而"非理性"管理理念则是在新的历史条件下，通过实践，突破了传统的理性化认识的局限性和对时代的不适应性，而后总结概括出来的一种"模糊性"认识。古典管理学也重视员工，但其对员工的重视与老板爱护机器在逻辑上是一致的。新型的管理理念则注重人情、人的主观能动性，强调管理的灵活机动性和变通性，不主张用哪一种既定的理论模式机械地管理变动中的企业和复杂多变的人。管理不是制造一件产品，但管理比制造产品更难。人也远比机器复杂得多，所以管理无法过于"精确"，必须引进"模糊机制"，这便是"非理性"思潮。非理性主义要求实现管理形态的根本性转变，这种转变的本质，是要以人性化替代理性化。所谓人性化，既要包容理性因素，又要包容非理性因素，把人的非理性和理性统一起来，这种管理模式就是人性化管理。

企业文化管理是指企业文化的梳理、凝练、深植、提升。突出"管理"，是基于管理学、组织行为学的，认为企业文化是一种管理，是在企业文化的引领下，匹配公司战略、人力资源、生产、经营、营销等管理条线和管理模块的。它涵盖了企业文化建设。企业文化是以企业价值观念、经营管理哲学为核心的思维方式和行为规范的总和，它包括企业的历史和传统、企业的典型人物、企业的目标信念和理想、领导作风和经营管理风格、职业意识和职业道德、公司礼仪与行为规范等因素，以及这些因素的物化表现，如环境布置、图案色彩、厂旗厂歌等。企业文化的渗透力很强，在整个企业的生存和发展中无处不在、无时不有，对企业内部人际关系影响很大。它能够将员工的个性和潜能与企业的价值和利益联系起来，通过对员工信念的培养、理想的建树、个性的塑造、心灵的满足、精神的训练，建立起个人对企业整体的认同感和凝聚力，形成强烈的"团队精神"。因此，企业内部公共关系的工作一般都非常重视企业文化的培养与建设。

4. 中国的管理发展

在中国，虽然管理科学的引入与启蒙很早，1916 年中华书局就出版了穆湘玥（字藕初）先生翻译的"科学管理之父"泰罗的《科学管理原理》一书，但是作为一门科学在中国真正得到发展，并为社会与科学界所承认还是在改革开放以后。

纵观我国管理科学的发展，有以下几点明显的历史痕迹。

其一，中华人民共和国成立后，由于改革开放前中国搞计划经济，20 世纪 50 年代初进行的学校院系调整，将带有管理性的院校、科系都归并或撤销了。

其二，中华人民共和国成立后至改革开放前，自然科学家与工程科学家承担了发展我国管理科学的历史责任。

其三，特定历史条件决定我国的管理科学是依托于自然科学和工程科学发展的。正是源于管理科学依托于自然科学与工程科学发展的这一实际，改革开放后，随着 20 世纪 80 年代初社会对科学管理巨大需求的出现，作为以管理科学基础理论、管理技术与方法等为主要研究领域的管理科学与工程这一分支学科（学科群）迅速发展起来。

管理科学学科经过 10 年的不断发展，对促进社会、经济与科技发展发挥出越来越重要的作用。当前，管理科学进入了各学科全面发展时期。20 世纪 70 年代末至 80 年代末为第一阶段发展期，这时期管理科学与工程学科的发展独领风骚。随着企业改革不断深化，现代企业制度逐步建立与完善，对企业进行科学管理的社会需求日益增大，80 年代末至 90 年代后期为第二阶段发展期，在管理科学与工程学科持续快速发展的同时，工商管理学科与 MBA 教育在我国得到快速发展。21 世纪初起，我国管理科学进入第三阶段发展期，在我国开始建立公共管理学科与 MPA 教育，以公共管理为主体的宏观管理与政策学科进入初创发展期。

回顾历史，可以看到管理科学在我国的发展方兴未艾。随着第三产业的兴起和社会经济的快速发展，社会对各类管理人才的需求越来越大。例如人力资源管理、电子商务、物流管理、旅游和酒店管理、金融管理等都需要管理科学做基础。同时也呼唤职业经理人来管理，人力资源师、物流管理师、营销师、酒店经理等无不与商务管理密切相关。作为高校商务管理专业，其目的是重点培养适应我国工商企业和经济管理部门需要的中层次务实型综合管理人才。工商管理涵盖面广、系统庞杂，涉及企业经营管理中的计划、组织、领导和控制，以及涉及人员、资金和财务的管理。商务管理专业属于管理学门类工商管理学学科，是应用性很强的专业。工商管理学学科的理论基础是经济学和管理学，知识构成跨越自然科学、人文科学的不同领域，研究对象涵盖了企业经济运作中的财务管理、资金筹措、投资分析、市场营销和资源配置等各个方面。

（二）工商管理学的发展特征与趋势

1. 工商管理的发展特征

当代工商管理发展的鲜明特征如下。

首先，知识管理上升成为企业的核心管理。现代信息技术革命催生了发达国家工商企业管理变革，这种变革使新的工商企业经营管理理念随之产生。最显著的是知识资本代替金融资本等其他传统的生产要素，成为企业的活力和创造效益的实际推动力。知识管理上升成为企业的核心管理，一是知识管理的实施，催生了有效的企业职员参与以及共享知识机制，如美国通用电气、可口可乐等公司都建立了知识总监。二是知识资本管理、知识资本共享又加强了企业间的协作，使企业间的交互更为广泛、频繁，使企业所面临的市场更为宽广，为企业带来更多新的市场机会，同时又改变着企业竞争方式甚至竞争的实质，由市场竞争发展为"竞合"——企业的竞争与合作。知识资本型企业管理，催生了新的企业管理理念与管理模式。

其次，模糊经营管理模式迅速发展。由于商品的开发商、生产制造商、经销商、零售商之间的模糊化，而产生了企业的模糊经营模式。计算机技术发展并应用于工商企业经营管理，使开发商、制造商迅速进入终端市场，直接面对用户。如美国的戴尔计算机公司，其计算机用户通过电话和因特网即可向戴尔计算机公司直接订货，并能在一周内完成交易，这就是一种全新的企业生产经营管理模式。这种企业运营模式也使得美国戴尔计算机公司的发展速度是同业平均水平的几倍。企业经营管理理念和管理模式的发展，又派生出了以物流为手段进行营销的物流管理商，物流管理承担了工商企业经营管理业务的后勤工作，承担和完成了制造商、经销商、零售商、用户之间的商品储存和运送工作，于是工商企业开始了"即时生产""无库存经营"的理念与实践模式。工商企业模糊模式还体现在商家与消费者的角色方面，如商界普遍采用的仓储式开架经营，使消费者处于主动参与企业活动的角色，又是一种体验经营理念和模式。

再次，重新发现企业价值和学习型企业的出现和发展。企业能否持续发展，取决于企业的价值，过去不论是研究还是实践，大部分企业一直把实现"利润最大化"作为企业目标。随着社会的发展、企业价值理念的升华，工商企业界逐渐认识到"利润最大化"仅仅是企业财务目标或近期目标，而不是企业的最终目标或长远目标。学习型组织是企业未来发展的动力源，学习型组织管理理论是当今世界最前沿的管理理论之一。未来成功的企业必定是学习型企业，一个学习型组织能够保证企业源源不断地创新，具备提升企业素质和员工价值的条件，能够充分发挥人力资源、知识资本的作用，能够实现企业满意、客户满意、社会满意的经营理念。学习型组织已成为国内外企业管理界最热门的话题之一。企业最终的竞争优势在于一个企业的学习能力及将其迅速转化为行动的能力，发展的动力源就是学习。

最后，企业经营管理国际化。在现代社会，工商企业管理的理念呈现了开放性的国际化趋势。随着现代交通技术手段、通信网络技术设备的迅速发展和应用，世界经济呈现一体化。市场和企业管理的国界变得模糊，成功的企业管理者清楚地认识到这种市场态势，迅速把企业经营管理放在国际环境中来考虑和布局。

2. 工商管理的发展趋势

工商管理的发展趋势主要表现为以下几点。

（1）随着科学技术的迅速发展，工商管理中现代数学方法和信息处理及通信技术的应用将日益广泛。

（2）随着经济发展全球化，工商管理学科的国际化趋势也日益明显。

（3）随着我国法制建设和社会文化的不断发展，工商管理学与人文社会科学的结合将日趋紧密。

（4）随着学科的综合、交叉发展，工商管理学的各个分支学科之间及与其他有关学科之间将进一步相互渗透。

在现代经济社会中，管理与科学、技术同为经济发展的主要支柱。工商管理学面向经济中最主要、最广泛的工商领域，是管理学门类中实践性最强、覆盖面最宽的一级学科。作为经济科学、管理科学、人文科学、自然科学、工程技术相互结合和渗透的产物，工商管理学的发展，推动了经济和管理学科的发展。在管理学门类中，工商管理学和管理科学同工程研究均为现代管理理论、方法与技术，与其他相邻一级学科的联系表现为均以现代管理理论作为学科的基础理论，不同的是，工商管理的研究密切结合企业管理实践。

虽然工商管理专业引进到我国的历史尚短，但目前全国工商管理专业的在校学生和每年培养出的工商管理专业的本科生与专科生的数量已相当可观。不论是国内还是国外，不论是实践活动还是理论研究，工商管理都呈现出不断创新的发展趋势，这种发展趋势对工商管理专业建设与学科教育都提出了新的要求，使工商管理的学科建设和高等教育都面临新的挑战。与时俱进，不断改革创新工商管理学科教育，培养合格的现代型工商管理人才显得十分必要。

第二节　工商管理学科的地位

一、学科的概念

（一）学科的内涵

学科是相对独立的知识体系。学科有两层内涵：一是指学术的分类，指一定科学领域或一门科学的分支，如自然科学中的化学、物理学，社会科学中的法学、社会学等；二是"教学科目"的简称，也称"科目"，是教学中按逻辑程序组织的一定知识和技能范围的单位，如中小学的数学、物理、语文、音乐等，高等学校心理学系的普通心理学、儿童心理学、教育心理学等。

（二）学科的设置

目前在我国的学科设置有两种方式：一是经国家技术监督局批准，由国家科委与技术监督局共同提出，中国标准化与信息分类编码研究所、西安交通大学、中国社会科学院文献情报中心负责起草，国家科委综合计划司、中国科学院计划局、国家自然科学基金委员会综合计划局、国家教育委员会科学技术司、国家统计局科学技术司、中国科协、中国科协干部管理培训中心等单位参与起草的《中华人民共和国学科分类与代码国家标准》。二是依照我国高等学校本科教育专业设置，按"学科门类""学科大类（一级学科）""专业"（二级学科）三个层次来设置。同时按照国家1997年颁布的《授予博士、硕士学位和培养研究生的学科、专业目录》来进行学科设置与分类。

（三）学科分类原则

（1）科学性原则

根据学科研究对象的客观、本质属性和主要特征及其之间的相关联系，划分不同的从属关系和并列次序，组成一个有序的学科分类体系。

（2）实用性原则

对学科进行分类和编码，直接为科技政策和科技发展规划，以及为科研经费、科技人才、科研项目、科技成果提供统计和管理服务。

（3）简明性原则

对学科层次的划分和组合，力求简单明了。

（4）兼容性原则

兼顾国内传统分类体系的继承性和实际使用的延续性，并注意提高国际可比性。

（5）扩延性原则

根据现代科学技术体系具有高度动态性的特征，应为萌芽中的新兴学科留有余地，以便在分类体系相对稳定的情况下得到扩充和延续。

（6）唯一性原则

在标准体系中，一个学科只能用一个名称、一个代码。

（四）学科分类依据

学科分类依据学科研究对象、研究特征、研究方法、学科的派生来源和研究目的、目标等方面进行划分。

二、工商管理学科的定位

工商管理学科是研究企业经济管理基本理论和一般方法的学科，主要涵盖企业的经营战略制定、内部行为管理。工商管理专业应用性强，目标是依据管理学、经济学和会计学等基本理论，运用现代管理方法、手段进行有效的经营决策和企业管理，以达成企业的生存和发展。工商管理作为国家设置的一级学科，具体包涵管理学、经济学等多个领域专业课程，涵盖范围也极其广泛，例如生产管理、经营管理、财务管理、成本管理、研发管理、营销管理、物资管理、设施管理、质量管理、品牌管理、人力资源管理等。

（一）对学科设置的理解

首先，在所有的经济管理类学科中，数学是基础，所以微积分（或高数）的学习是极其必要的。以教学为基础，结合市场现象、经济规律，我们可以绘制经济学相关图像，分析经济学原理，理解最基本的经济模式，为企业管理打下基础。

其次，在管理学大类中，基础的管理学采用斯蒂芬·P·罗宾斯的第11版教材，阐述最基本的管理方法和理念，其后的战略管理、物流管理、人力资源管理等是其细分的方向和职能。据笔者了解，大学二年级所开设的课程中还包括计算机、数据库等现代技术操作学科，这也是作为管理工具的一种体现。

再次，即有关于企业各个模块的课程。比如基础会计，虽然不像会计学院学生一样需要学习财务会计、管理会计等各个方向细分的内容，但最基本的企业财务管理应该被学习和了解；比如市场营销，一个企业究竟如何将自身的产品销售出去，或者说在满足消费者当下的需求之余，如何创造消费者需求，让企业发展获得更大的提升。

最后，还有一些提升眼界与基本素养的课程。比如政治经济学、创新创业基础等。通过了解相关知识，让学生做出自身的职业生涯规划，制定相应的目标及完成方式，尽可能地达成预期目的。

（二）对学科定位的理解

根据对创新创业基础课程的领悟，笔者尝试做出如下回答。

最根本的问题是工商管理学科应届毕业生尴尬的就业问题。一个企业的管理者，在创业之前，不应该好高骛远，过度关注自身的社会地位和薪资水平，而应该尝试任职企业基层，在自己将要进入的领域的基层感受其本身与内在，为将来的创业打下基础。管理学科本身就不是一个可以直接最大限度运用自身所学内容的学科，即便是考取了工商管理硕士学位（MBA）的考取也需要大量的实际锻炼与案例分析，这个学位的价值才能得以如实发挥。仅靠书本知识并不能直接满足工作岗位的要求。因此，即便该学科定位十分高，我们也不该直接去苛求自身的岗位，从点滴基础做起更为稳妥。

其次就是解决办法。究其根本，这种上文所提的尴尬还源于所谓的"专业性"不强。工商管理学科所涵盖的内容极为广泛，几乎是会计、金融、经济、贸易、人力资源、旅游管理等许多学科的综合。内容的广泛与不深入造就了这种所谓的尴尬。那么解决问题的根本办法只能在于主动地去学习、深究一门或几门感兴趣的部分，并且有方向性地为就业做出规划和努力。在如今的数据网络时代，科技如此发达，用电脑代替人工去完成最基本的记录与核算账务职能已经完全可能去完成，且更为迅速和便捷。基础会计本身也不再广为需求。在这种情况下，一直以来不断被提升关注的注册会计师就更受欢迎。这就需要人才本身掌握经济法、企业战略管理、财务管理等各种专业知识，让会计师不再只局限于做账，而是能够通过自身所学来规划企业未来产品的生产与营销，为企业发挥更大的作用。学生可以专注于某一门的学习，比如尚未被取消的人力资源师资格证的考核，未来有相应的职业规划的同学就可以考虑。而对于工商管理学科下的一些其他学科，比如暂时没有相当大的实践性的管理类，学生可以阅读一些世界经典性的教材作为辅助，加深自身认识，拓宽自身眼界。

第三节　工商管理的热点问题与发展趋势

近些年，随着市场经济的不断发展，我国经济发展已经进入"新常态"，从之前的高速发展转为中低速发展，表现为经济增长的"换档期"与结构调整的"阵痛期"。同时，随着国际化进程的不断推进，工商管理也应具备国际化视角，顺应国际化发展趋势。伴随着市场经济形势与国际环境的不断变化，各类经济活动的内容与范围也在发生变化，这就对我国工商管理提出了新的要求。良好的工商管理不仅可以对企业的发展与管理起到帮助作用，而且对我国市场经济的良好运行具有积极意义。因此，如何处理好市场经济发展与工商管理的关系，使得工商管理可以更好地服务于企业发展与实体经济，是我们需要讨论与解决的问题。

一、工商管理的热点问题

（一）工商管理中的企业文化问题

企业文化在企业发展过程中起到越来越重要的作用。不同的企业根据其自身发展情况以及企业特性，形成不同的企业文化。企业文化对于提升员工的凝聚力，促进企业经济效益的提升具有不可小觑的作用。企业文化可以看作是企业经营理念、管理制度等方面的综合表现，虽然其不可量化与具体化，但也是提高企业经营效益、调动员工工作积极性的一项重要因素。随着国际化的进程不断推进，企业竞争环境已经逐步国际化。在愈发激烈的市场竞争中，企业只有将文化手段、物质手段和精神手段综合起来进行管理，才能增强企业内部凝聚力，提高企业经济效益。由于企业文化的重要性越来越突出，许多企业逐渐开始在企业文化管理方面付诸努力，在企业建设中，将企业文化建设与其他建设提到统一高度，将文化建设视为提高企业竞争力的软实力。

（二）工商管理中的企业战略问题

企业战略是企业对企业发展整体性、长期性、基本性问题的筹谋和计划。企业战略决定了企业的发展前景和最终方向。随着经济的不断发展以及企业组织结构和经营管理模式的变化，企业战略也在不断发生变化，因此企业应做好企业战略的调整，为企业发展提供支持。一方面，企业在经营初期，针对企业的战略定位制定总体发展目标。另一方面，企业制定完善的发展战略以适应多变的市场需求。通过完善企业的战略，不仅可以提升企业的自身竞争力，适应多元化的发展环境，而且可以促进工商管理工作向科学化方向发展。

（三）工商管理中的人力资源管理问题

工商管理中的人力资源管理问题不仅包括传统的薪资安排、绩效考核等，更重要的是人才培养与素质提升。目前工商管理大部分为初级管理人才，而中高级管理人才还比较欠缺，不足以满足市场经济形势下工商管理的需求。工商管理人才的欠缺不利于我国工商管理体系的建设，进而不利于我国经济的长期稳定发展。高级工商管理人才欠缺主要是由于对工商管理方面的人才培养方式较为单一，过于注重理论知识教学，缺乏实践教学，以及因此导致的在工商管理的实践过程中出现的脱节现象。

二、工商管理的发展趋势

（一）向管理国际化方向发展

随着我国对外开放程度的不断加深，工商管理也应该顺应时代发展的潮流，逐渐走向国际化，以保证管理工作的有效开展。我国工商管理必须勇敢地走出去，积极参与到激烈的国际竞争中，只有这样，才能提高我国工商管理的国际参与度，更好地为经济的全球化做出贡献。管理的国际化要求企业能够在当前的战略管理基础上，将自身的经营置于国际化的大环境中，将企业管理与国际形势发展和国家政策相结合，适时调整自身的经营方式，创新管理方法与内容，同时学习国际上先进的工商管理策略，树立国际化管理理念，培养创新意识。

在人才培养方面，还应树立工商管理人才的国际竞争意识。不仅要树立创新意识，而且应结合多种创新型国际性管理工具，提高工商管理人才的综合素质。

（二）注重知识管理与人才培养

在市场经济形势下，工商管理人才的培养也在与时俱进，力求打破中高级工商管理的人才供给与需求失衡的现状。工商管理人才的培养不仅要依托创新型的选拔方式，还要加强人才培训管理，尤其应注重将理论知识与实践经验相结合，依托于各地区高校，采取专业化的培训和激励制度建立一支具有现代化特征的人才队伍，培养全面型的工商管理人才。

一方面，创新的工商管理观念在不断加强。通过创新基地的建设和教学体系的改革，力争培养出具备实践精神和实践能力的综合性人才，这些人才具备较强的市场经济意识、较强的适应性、不断吸收新知识的能力及有进一步发展的潜力。另一方面，工商管理人才的国际竞争在不断加巨。随着我国对外开放程度的不断加深，工商管理的人才培养也逐渐走向国际化，这是工商管理中人才培养的新方向。

（三）向信息化创新模式发展

随着信息科技的不断发展，工商管理也会逐步向信息化创新模式发展。随着国家对信息化技术的重视程度不断加深，企业对信息化技术的运用越来越多，工商管理的信息化创新模式的发展是必然趋势。一方面，利用现代化信息技术可以节约工商管理过程中的成本，提高工商管理效率。通过网络平台的建立，可以更好地识别各企业的信息，节约工商管理的流程，提高工商管理的精准度与全面性。另一方面，工商管理信息化创新模式可以更好地将监督工作落实到具体工作中。在社会的快速发展下，原有的法律制度已经难以满足今天的发展需求，所以要从完善管理上出发，在确保管理有效开展的同时做好制度建设工作，真正将服务放在首要位置，在综合行业发展特征的基础上，运用先进的方法解决存在的问题。

（四）向体制健全与执行效力强化方向发展

由于市场主体与市场行为都越来越复杂，并且打破了过去地域等方面的限制，因此工商管理体制也应与时俱进、逐步完善，更好地在市场经济形势下发挥工商管理职能，更好地起到监督管理的作用，推动经济的可持续发展。

一方面，工商管理的宏观体制构建应以宏观经济发展调控为参考，依据不同时期政策的不同而有所区别，切不可一成不变，而应与时俱进。对于不同行业、不同区域的经济发展状况，工商管理政策也应有所区分，实现地区经济的均衡协调发展。另一方面，工商管理部门的职能关系会更加明晰。为了满足工商管理部门监管以及执法的需要，对工商管理职能进行了"三分"，一是行政许可及审批行为，二是行政监督及处罚行为，三是行政督察行为，强化工商管理的执行效力。

综上所述，由于市场经济形势的不断变化以及全球化脚步的加快，工商管理也在不断地发展，同时也被赋予了更多的职能与责任。工商管理作为市场经济管理的职能部门，面临着全新的挑战。

良好的工商管理的发展，不仅有助于在国际市场中提升企业的自身竞争力，而且对于我国经济的平稳运行具有重要的作用，因此，针对目前的经济发展状况，应不断完善我国工商管理体制，为经济的飞速发展助力。

第二章　工商管理相关理论

第一节　管理学

一、管理学的含义

管理学也是管理科学。管理科学是研究管理理论、方法和管理实践活动的一般规律的科学。管理科学的初创阶段始于19世纪末至20世纪初。首先，由美国工程师费雷德里克·泰罗创造出被称为泰罗制的"标准劳动方法"和劳动定额，并于1911年发表了他的代表作《科学管理原理》，由此泰罗被誉为"科学管理之父"。与"科学管理理论"同期问世的还有法约尔的"管理过程理论"和韦伯的"行政组织理论"。这三种理论统称为"古典管理理论"。管理科学的第二个里程碑是"行为科学理论"，它产生于20世纪20年代，创始人是美国哈佛大学教授乔治·奥尔顿·梅奥和费里茨·罗特利斯伯格等。后来，行为科学在其发展过程中，又形成一些新的理论分支。现代管理理论以"系统理论""决策理论""管理科学理论"等学派为代表，其特征是以系统论、信息论、控制论为理论基础，应用数学模型和电子计算机手段来研究和解决各种管理问题。

20世纪50年代以后，管理科学在广泛应用过程中，同许多种社会科学学科和自然科学学科交叉、渗透，产生了种种管理学分支，例如，管理社会学、行政管理学、军事管理学、教育管理学、卫生管理学、技术管理学、城市管理学、国民经济管理学等。今天，管理科学已经扩展到各个领域，形成了内容广泛、门类齐全的独立学科体系，管理科学已经成为同社会科学、自然科学并列的第三类科学。管理现代化是应用现代科学的理论、要求和方法，提高计划、组织和控制的能力，以适应生产力发展的需要，使管理水平达到国际先进水平的过程，也是由经验型传统管理转变为科学型现代管理的过程。

一般认为，从 20 世纪 50 年代开始，西方主要发达国家在高度工业化的同时实现了管理现代化。管理现代化所包含的内容极其广泛，主要有管理思想的现代化、管理组织的现代化、管理方法和管理手段的现代化等几个方面。管理现代化是一个国家现代化程度的重要标志。工业、农业、科学技术，乃至整个国民经济的现代化，都离不开现代化管理。

现代化管理能够有效地组织生产力要素，充分合理地利用各种资源，大大提高各种经济和社会活动的效率，从而成为推进现代化事业的强大动力。管理有自然属性和社会属性。管理的自然属性反映了社会劳动过程本身的要求，在分工协作条件下的社会劳动，需要通过一系列管理活动把人力、资金、物质等各种要素按照一定的方式有效地组织起来，才能顺利进行；管理的社会属性则体现了统治阶级的利益和要求，在一定的生产方式下，需要通过管理活动来维护一定的生产关系，实现一定的经济和社会目标。在经济管理中，管理的自然属性表现为科学合理地组织生产力要素，处理和解决经济活动中物与物、人与物之间的技术联系，如生产中的配料问题、生产力布局、规划，以及机器设备的技术性能对操作者的技术水平和熟练程度的要求等，这些都体现自然规律和技术规律的要求，不受社会的经济基础和上层建筑的影响。而管理的社会属性则表现为调和并完善生产关系，调整人与人之间的经济利益关系，如分配体制、管理体制等由社会、经济规律支配的内容。在现代经济的发展中，科学管理起着越来越重要的作用，科学管理直接带来了经济效益。在物质资源有限的情况下，管理资源的作用显得尤其重要。

二、管理学的学科地位与历史形成过程

（一）管理学的学科地位

管理学是一门研究人类社会管理活动中各种现象及规律的学科，是在近代社会化大生产条件下和自然科学与社会科学日益发展的基础上形成的。

管理学是在自然科学和社会科学两大领域的交叉点上建立起来的一门综合性交叉学科，涉及数学（概率论、统计学、运筹学等）、社会科学（政治学、经济学、社会学、心理学、人类学、生理学、伦理学、哲学、法学）、技术科学（计算机科学、工业技术等）、新兴科学（系统论、信息科学、控制论、耗散结构论、协同论、突变论）以及领导学、决策科学、未来学、预测学、创造学、战略学、科学学等。

（二）管理学的历史形成过程

管理是人类社会存在的一种方式，有了人就出现了管理的问题。管理思想来源于管理实践，是对管理经验的概括和总结。通常把系统的管理理论出现以前的管理思想史分为两个主要阶段，18世纪是这两大阶段的分界线。经典管理理论出现以前的管理思想是非常朴素的、直观的，虽然在军队管理、国家行政管理、教会管理等方面的管理思想已经极其丰富，但这些思想主要还是停留在经验描述或类比思维的阶段，不具有系统的理论形式。18世纪到19世纪末，是现代管理理论的萌芽阶段。

现代管理学的诞生是以弗雷德里克·温斯洛·泰罗的名著《科学管理原理》（1911年）以及法约尔的名著《工业管理和一般管理》（1916年）为标志。现代意义上的管理学自诞生以来有了长足的进步与发展，管理学的研究者、管理学的学习者、管理学方面的著作文献等均呈指数上升，显示了作为一门年轻学科勃勃向上的生机和兴旺发达的景象。进入21世纪，随着人类文明的进步，管理学仍然需要大力发展其内容和形式。

三、管理学的特征和内容

（一）特征

管理学的特征主要表现在一般性、多科性或综合性、实践性、社会性和历史性上。

（1）一般性

管理学从一般原理、一般情况的角度对管理活动和管理规律进行研究，不涉及管理分支学科的业务与方法的研究；管理学是研究所有管理活动中的共性原理的基础理论科学，无论是"宏观原理"还是"微观原理"，都需要管理学的原理作为基础加以学习和研究；管理学是各门具体的或专门的管理学科的共同基础。

（2）多科性或综合性

从管理内容上看，管理学涉及的领域十分广阔，它需要从不同类型的管理实践中抽象概括出具有普遍意义的管理思想、管理原理和管理方法；从影响管理活动的各种因素上看，除了生产力、生产关系、上层建筑这些基本因素外，还有自然因素、社会因素等；从管理学科与其他学科的相关性上看，它与经济学、社会学、心理学、数学、计算机科学等都有密切关系，是一门综合性非常突出的学科。

（3）实践性

也称实用性，管理学所提供的理论与方法都是实践经验的总结与提炼，同时管理的理论与方法又必须为实践服务，这显示出管理理论与方法的强大生命力。

（4）社会性

构成管理过程主要因素的管理主体与管理客体，都是社会中最有生命力的人，这就决定了管理的社会性；同时管理在很大程度上带有生产关系的特征，因此没有超阶级的管理学，这也体现了管理的社会性。

（5）历史性

管理学是对前人的管理实践、管理思想和管理理论的总结、扬弃和发展，不了解前人对管理经验的理论总结和管理历史，就难以很好地理解、把握和运用管理学。

（二）内容

管理学的研究内容有以下三个侧重点。

（1）从管理的二重性出发，着重从以下三个方面研究管理学。

从生产力方面，研究如何合理配置组织中的人、财、物，使各要素充分发挥作用的问题；研究如何根据组织目标的要求和社会的需要，合理地使用各种资源，以求得最佳的经济效益和社会效益的问题。

从生产关系方面，研究如何正确处理组织中人与人之间的相互关系问题；研究如何建立和完善组织机构以及各种管理体制等问题；研究如何激励组织内成员，从而最大限度地调动各方面的积极性和创造性，为实现组织目标而服务。

从上层建筑方面，研究如何使组织内部环境与其外部环境相适应的问题；研究如何使组织的规章制度与社会的政治、经济、法律、道德等上层建筑保持一致的问题，从而维持正常的生产关系，促进生产力的发展。

（2）着重从历史的方面研究管理实践、思想、理论的形成、演变、发展，知古鉴今。

（3）着重从管理者角度出发研究管理过程，主要内容有：第一，管理活动中有哪些职能；第二，职能涉及哪些要素；第三，执行职能应遵循哪些原理，采取哪些方法、程序、技术；第四，执行职能会遇到哪些困难，如何克服等。

四、我国管理学的学科分类

（一）国务院学位委员会学科设置分类

在国务院学位委员会和原国家教育委员会1997年颁布的《授予博士、硕士学位和培养研究生的学科、专业目录》（简称"学科目录"）中，单列了一个"管理学"学科门类，下设5个一级学科：管理科学与工程、工商管理、农林经济管理、公共管理和图书馆、情报与档案管理。其中，管理科学与工程一级学科是由原目录中的管理科学和管理工程、系统工程，以及科学与科学管理等学科归并而成的，属于管理学门类中为整个管理学提供一般理论和方法的基础性学科，其下不设二级学科。其他管理学的一级学科下均设置了若干二级学科。2002年国务院学位委员会为促进学科建设和发展，允许具有一级学科学位授予权的单位自行设置二级学科，这样在一些高等学校研究生院的管理学门类中，管理科学与工程等一级学科下又出现了科学学与科技管理、环境管理及项目管理等诸多二级学科。从"学科目录"中不难看出，中国学术界把"管理学"和"管理科学"分别视为学科门类和一级学科，同美国管理学界在一般学科意义上使用的"管理学"概念和主要在系统工程的特定意义上使用的"管理科学"概念是比较接近的。

按照教育部学科分类目录，管理学包括管理科学与工程，工商管理学，农林经济管理学，公共管理学和图书馆、情报与档案管理学等5个一级学科，共有15个二级学科。管理学下具体学科设置为：

（1）管理科学与工程（可授管理学、工学学位）；

（2）工商管理（会计学、企业管理、财务管理、市场营销、人力资源管理、旅游管理、技术经济及管理）；

（3）农林经济管理（农业经济管理、林业经济管理）；

（4）公共管理（行政管理、社会医学与卫生事业管理、教育经济与管理、社会保障、土地资源管理）；

（5）图书馆、情报与档案管理（图书馆学、情报学、档案学）。

（二）国家自然科学基金委员会设置分类

国家自然科学基金委员会于1986年成立时就设立了管理科学组，10年后升格为管理科学部，其在"管理科学"名义下资助的主要领域包括管理科学和管理工程、经济管理和工商管理以及宏观管理和科技管理。该部的命名、该部历来编制的学科发展战略或优先资助领域，采用的都是"管理科学"名称。其"十五"优先资助领域论证报告中定义"管理科学是一门研究人类管理活动规律及其应用的科学，是一门横跨自然科学与社会科学两大领域的综合性交叉科学"。可见，这个定义是从广义上界定管理科学的。但其优先资助三大领域之一的"管理科学和管理工程"显然是狭义的管理科学。从这个领域历来资助的项目、遴选和认定的20种重要学术期刊的前12种期刊及其所代表的学科领域来看，该部最看重的学科领域却是同系统工程、运筹学相当的狭义管理科学。不难看出，"管理学部"的"管理科学"所包含的学科领域同"学科目录"中"管理学"门类的主要一级学科设置基本上是一致的。

第二节　市场营销学

一、市场营销学概述

（一）市场营销的基本概念

第一，市场营销分为宏观和微观两个层次。宏观市场营销是反映社会的经济活动，其目的是满足社会需要，实现社会目标。微观市场营销是一种企业的经济活动过程，它是根据目标顾客的要求，生产适销对路的产品，从生产者流转到目标顾客，其目的在于满足目标顾客的需要，实现企业的目标。

第二，市场营销活动的核心是交换，但其范围不仅限于商品交换的流通过程，而且包括产前和产后的活动。产品的市场营销活动往往比产品的流通过程要长。现代社会的交易范围很广泛，已突破了时间和空间的壁垒，形成了普遍联系的市场体系。

第三，市场营销与推销、销售的内涵不同。市场营销包括市场研究、产品开发、定价、促销、服务等一系列经营活动。而推销、销售仅是企业营销活动的一个环节或部分，是市场营销的职能之一，不是最重要的职能。

"市场"一词有多种内涵。定义一，最原始的内涵是买卖双方用以交换商品与服务的实际场所。定义二，对经济学家来说，市场指对商品或服务进行交易的所有买卖双方。定义三，对营销者来说，市场由产品的所有实际和潜在的购买者所组成。因此，营销者所谓的"市场"指买方，而卖方则称为产业。

现代营销学对市场的定义，是具有特征的需要或欲望，而且愿意并能通过交换来满足这种需要或欲望的全部潜在顾客，即市场＝潜在顾客＝人口＋购买力＋购买欲望。市场里所有的人具备三个特征：兴趣、收入和购买途径。

市场的构成三要素如下。

消费者、购买力和购买欲望。

（1）消费者

是构成市场的基本要素。消费者数量的多少，决定着市场的规模和容量，而消费者的构成及其数量的变化则影响着市场需求的构成和变化。

（2）购买力

是指消费者支付货币购买商品或劳务的能力，是构成现实市场的物质基础。购买力的高低是由消费者的收入水平决定的。

（3）购买欲望

是指消费者购买商品或劳务的动机、愿望和要求。它是使消费者的潜在购买力转化为现实购买力的必要条件。

（二）市场营销学的研究对象与特征

1.市场营销学的研究对象

市场营销学是一门以经济科学、行为科学、现代管理理论和现代科学技术为基础，研究以满足消费者需求为中心的企业营销活动及其规律性的综合性应用科学。

市场营销学的研究对象是以满足消费者需求为中心的企业营销活动过程及其规律，是探讨在生产领域、流通领域和消费领域内运用一整套开发原理、方法、策略，不断拓展市场的全部营销活动以及相应的科学管理。

2.市场营销学的特征

（1）市场营销学是一门科学

第一种观点认为，市场营销学不是一门科学，而是一门艺术。他们认为，工商管理（包括市场营销学在内）不是科学而是一种教会人们如何做营销决策的艺术。第二种观点认为，市场营销学既是一种科学，又是一种行为和一种艺术。这种观点认为，管理（包括市场营销学）不完全是科学，也不完全是艺术，有时偏向科学，有时偏向艺术。市场营销是一种活动过程、一种策略，因而是一种艺术。市场营销学是对市场营销活动规律的概括，因而是一门科学。第三种观点认为，市场营销学是一门科学。这是因为市场营销学是对现代化大生产及商品经济条件下工商企业营销活动经验的总结和概括，它阐明了一系列概念、原理和方法。市场营销理论与方法一直指导着国内外企业营销活动的发展。

（2）市场营销学是一门应用科学

学术界对此存在两种观点。

一种是少数学者认为，市场营销学是一门经济科学，是研究商品流通、供求关系及价值规律的科学。另一种观点认为，市场营销学是一门应用科学。无疑，市场营销学是于20世纪初从经济学的"母体"中脱胎出来的，但经过几十年的演变，它已不是经济科学，而是建立在多种学科基础上的应用科学。

（3）市场营销学既包括宏观营销学又包括微观营销学

美国著名市场营销学家麦卡锡在其代表作《基础市场学》中明确指出，任何商品经济社会的市场营销均存在两个方面。

一方面是宏观市场营销；另一方面是微观市场营销。宏观市场营销是把市场营销活动与社会联系起来，着重阐述市场营销与满足社会需要、提高社会经济福利的关系，它是一种重要的社会过程。微观市场营销是指企业活动或企业职能，是研究如何从顾客需求出发，将产品或劳务从生产者手中转到消费者手中，实现企业营利目标，是一种企业经济活动的过程。

二、市场营销学的产生和发展

（一）市场营销学的形成

市场营销学于20世纪初创建于美国，后来流传到欧洲各国、日本和其他国家，在实践中不断完善和发展。它的形成阶段大约在1900—1930年。

人类的市场经营活动，从市场出现就开始了。但直到20世纪之前，市场营销还没有成为一门独立学科。进入19世纪，伴随世界经济的发展，资本主义的固有矛盾日趋尖锐。频频爆发的经济危机，迫使企业日益关心产品销售，研究如何更有效地应付竞争，在实践中不断探索市场营运的规律。到19世纪末20世纪初，世界主要资本主义国家先后完成了工业革命，垄断组织加快了资本的积聚和集中，使生产规模迅速扩大。在这一时期，以泰罗为代表的以提高劳动生产率为主要目标的"科学管理"理论、方法应运而生，受到普遍重视。一些大型企业实施科学管理的结果是产品迅速增加，这要求流通领域有更大影响，相对狭小的市场有更精细的经营。同时，科学技术的发展，也使企业内部计划与组织变得更为严整，从而有可能运用科学的调查研究方法，预测市场变化趋势，制订有效的生产计划和销售计划，控制和调节市场销售量。在这种客观需要与可能条件下，市场营销学作为一门独立的经营管理学科诞生了。

在此之前，美国学者已经发表和出版了一些论著，分别论述产品分销、推销、广告、定价、产品设计和实体分配等专题。到20世纪初，一些学者如阿克·肖、爱德华·琼斯、拉尔夫·斯达·巴特勒、詹姆斯·海杰蒂等，将上述专题综合起来，形成市场营销学科。1902—1905年，密执安、加州、伊利诺斯和俄亥俄等大学相继开设了市场营销课程。1910年，执教于威斯康星大学的巴特勒教授正式出版《市场营销方法》一书，首先使用市场营销（Marketing）作为学科名称。而后，弗莱德·克拉克于1918年编写了《市场营销原理》讲义，被多所大学用作教材并于1922年出版，L·S·邓肯也于1920年出版了《市场营销问题与方法》。

这一时期的市场营销学，其内容局限于流通领域，真正的市场营销观念尚未形成。然而，将市场营销从企业生产活动中分离出来进行专门研究，无疑是一个创举。

（二）市场营销学的发展

1929—1933年资本主义大危机，震撼了整个资本主义世界。生产严重过剩，产品销售困难，已直接威胁着企业生存。从20世纪30年代开始，主要资本主义国家市场明显进入供过于求的买方市场。这时，企业界广泛关心的首要问题已经不是扩大生产和降低成本，而是如何把产品销售出去。为了争夺市场，解决产品现实问题，企业家开始重视市场调查，提出了"创造需求"的口号，致力于扩大销路并在实践中积累了丰富的资料和经验。与此同时，市场营销学科研究大规模展开。一些著名大学的教授将市场营销研究深入到各个问题中，调查和运用大量实际资料，形成了许多新的原理。如弗莱德·克拉克和韦尔法在其《农产品市场营销》（1932年）中将农产品市场营销系统划分为集中（农产品收购）、平衡（调节供求）和分散（化整为零销售）三个相互关联的过程，详细研究了营销者在其中执行的 7 种市场营销职能：集中、储存、融资、承担风险、标准化、销售和运输。拉尔夫·亚历山大等学者在 1940 年出版的《市场营销》一书中，强调市场营销的商品化职能包含适应顾客需要的过程，销售是"帮助或说服潜在顾客购买商品或服务的过程"。1937 年，美国全国市场营销学和广告学教师协会及美国市场营销学会合并组成美国市场营销学会（AMA）。该学会在美国设立几十个分会，从事市场营销研究和营销人才的培训工作，出版市场营销专刊和市场营销调研专刊，对市场营销学的发展起到了重要作用。到第二次世界大战结束，市场营销学得到长足发展，并在企业经营实践中得到广泛应用。但在这一阶段，它的研究主要集中在销售推广方面，应用范围基本上仍局限于商品流通领域。

（三）市场营销学的"革命"

二次世界大战后至今，市场营销学从概念到内容都发生了深刻的变化。第二次世界大战后的和平条件和现代科技进步，促进了生产力的高度发展。社会产品数量剧增，花色品种日新月异。垄断资本的竞争加剧，销售矛盾更为尖锐。西方国家政府先后推行所谓高工资、高福利、高消费以及缩短工作时间的政策，在一定程度上刺激了需求，但并未引起实际购买行为的直线上升。消费者的需求和欲望在更高层次上发生变化，对社会供给提出了更高的要求。这时，传统的市场营销学已经不能适应形势要求，需要进行重大变革。

许多市场营销学者经过潜心研究，提出了一系列新的观念。其中之一就是将"潜在需求"纳入市场概念，即把过去对市场"是卖方与买方之间的产品或劳务的交换"的旧观念，发展成为"市场是卖方促使买方实现其现实的潜在需求的任何活动"。这样，凡是为了保证通过交换实现消费者需求（包括现实需求与潜在需求）而进行的一切活动，都纳入了市场营销学的研究范围。这也就要求企业将传统的"生产—市场"关系颠倒过来，即将市场由生产过程的终点，置于生产过程的起点。这样，也就从根本上解决了企业必须根据市场需求来组织生产及其他企业活动，确立以消费者为中心而不是以生产者为中心的观念问题。这一新概念导致市场营销学基本指导思想的变化，在西方称为市场营销学的一次"革命"。

第二次世界大战后七十多年来，市场营销论著如云，理论不断创新。营销学逐步建立起以"满足需求""顾客满意"为核心内容的框架和体系，不仅在工商企业，而且在事业单位和行政机构得到广泛运用。市场营销学术界每隔几年就出现一批有创见的新概念。这些概念推动了市场营销学从策略到战略、从顾客到社会、从外部到内部、从一国到全球，得到了全面系统的发展和深化。

第三节　人力资源管理

在人才竞争趋于全球化的今天，人力资源开发与管理的工作显得格外重要，做好人的工作已经成为赢得整个世界的前提。只有人力资源得到了充分的开发和有效的管理，一个国家才能繁荣，一个民族才能振兴。在一个组织中，只有求得有用人才、合理使用人才、科学管理人才、有效开发人才，才能促进组织目标的达成和个人价值的实现。针对个人，有潜能开发、技能提高、适应社会、融入组织、创造价值、奉献社会的问题，这都有赖于人力资源的管理。人是知识的载体，为了有效运用知识，让知识发挥出最大的效用，便需要妥善进行人力资源管理，如此才能够发挥人力资源的最佳效用。人力资源管理是在经济学与人本思想指导下，通过招聘、甄选、培训、报酬等管理形式对组织内外相关人力资源进行有效运用，满足组织当前及未来发展的需要，保证组织目标的实现与成员发展的最大化，就是预测组织人力资源需求并做出人力需求计划、招聘选择人员并有效组织、考核绩效、支付报酬和进行有效激励、结合组织与个人需要进行有效开发以实现最优组织绩效的全过程。

一、人力资源管理的内涵

人力资源是在一定的时间和空间条件下，现实和潜在的劳动力的数量和质量的总和。人力资源管理是指根据组织发展战略的要求，有计划地对人力资源进行合理配置，通过对组织中员工的招聘、培训、使用、考核、激励、调整等一系列过程，调动员工的积极性，发挥员工的潜能，为组织创造价值，确保组织战略目标的实现。人力资源管理是组织的一系列人力资源政策以及相应的管理活动。这些活动主要包括组织人力资源战略的制定、员工的招募与选拔、培训与开发、绩效管理、薪酬管理、员工流动管理、员工关系管理、员工安全与健康管理等，即组织运用现代化的科学方法，对与一定物力相结合的人力进行合理培训、组织和调配，使人力、物力经常保持最佳比例，同时对人的思想、心理和行为进行恰当地引导、控制和协调，充分发挥人的主观能动性，使人尽其才、事得其人、人事相宜，实现组织目标。

根据定义，可以从以下两个方面理解人力资源管理。

1. 对人力资源外在要素——量的管理

对人力资源进行量的管理，就是根据人力和物力及其变化，对人力进行恰当的培训、组织和协调，使二者经常保持最佳比例和有机结合，使人和物都充分发挥出最佳效用。

2. 对人力资源内在要素——质的管理

主要是指采用现代化的科学方法，对人的思想、心理和行为进行有效的管理（包括对个体和群体的思想、心理和行为的协调、控制和管理），充分发挥人的主观能动性，以达到组织目标。

二、人力资源管理的发展历程

人力资源管理是一门新兴的学科，问世于 20 世纪 70 年代末。人力资源管理的历史虽然不长，但人事管理的思想却源远流长。从时间上看，从 18 世纪末开始的工业革命，一直到 20 世纪 70 年代，这一时期被称为传统的人事管理阶段。从 20 世纪 70 年代末以来，传统的人事管理让位于人力资源管理。

（一）人事管理阶段

人事管理阶段又可具体分为：科学管理阶段、工业心理学阶段、人际关系管理阶段。

1. 科学管理阶段

20 世纪初，以弗里得里克、泰罗等为代表，开创了科学管理理论学派，并推动了科学管理实践在美国的大规模推广和开展。泰罗开发科学的作业方法，提出"计件工资制"和"计时工资制"，强调实行劳动定额管理。为了提高劳动生产率，泰罗主张把计划职能与执行职能分开。

2. 工业心理学阶段

以德国心理学家雨果·芒斯特伯格等为代表的心理学家的研究结果，推动了人事管理工作的科学化进程。雨果·芒斯特伯格于 1913 年出版的《心理学与工业效率》标志着工业心理学的诞生。

3. 人际关系管理阶段

1924—1932 年，美国哈佛大学教授梅奥率领一个研究小组到美国西方电气设备公司霍桑工厂进行了有关工作条件、社会因素与生产效率之间关系的霍桑实验，在此基础上创立了人际关系学说，真正揭开了对组织中的人的行为研究的序幕，并为以后的行为科学的发展奠定了基础。

（二）人力资源管理阶段

人力资源管理阶段又可分为人力资源管理的提出和人力资源管理的发展两个阶段。"人力资源"这一概念早在 1954 年就由彼德·德鲁克在其著作《管理的实践》中提出并加以明确界定。20 世纪 60 年代末期，人力资源管理除了能自动计算人员薪酬外，几乎没有更多如报表生成和数据分析等功能，也不保留任何历史信息。20 世纪 70 年代末，人力资源管理对非财务人力资源信息和薪资的历史信息都进行了设计，也有了初级的报表生成和数据分析功能。20 世纪 80 年代以来，人力资源管理理论不断成熟，并在实践中得到进一步发展，人力资源管理系统数据库将几乎所有与人力资源相关的数据都进行了收集与管理，成为了强有力的报表生成工具、数据分析工具，实现了信息资源的共享，因此为企业广泛接受，并逐渐取代人事管理。20 世纪 90 年代至今，人力资源管理理论不断发展，也不断成熟。人们更多地探讨人力资源管理如何为企业的战略服务，人力资源部门的角色如何向企业管理的战略合作伙伴关系转变。战略人力资源管理理论的提出和发展，标志着现代人力资源管理进入新阶段。

三、人力资源管理的目标任务和内容

（一）人力资源管理的目标任务

人力资源管理目标是指组织人力资源管理需要完成的职责和需要达到的绩效。人力资源管理既要考虑组织目标的实现，又要考虑员工个人的发展，强调在实现组织目标的同时实现个人的全面发展。

人力资源管理目标包括全体管理人员在人力资源管理方面的目标任务与专门的人力资源部门的目标任务。显然两者有所不同，属于专业的人力资源部门的目标任务不一定是全体管理人员的人力资源管理目标任务，而属于全体管理人员承担的人力资源管理目标任务，一般都是专业的人力资源部门应该完成的目标任务。

无论是专门的人力资源管理部门还是其他非人力资源管理部门，进行人力资源管理的目标任务，主要包括以下五个方面。

（1）通过规划、组织、调配、招聘等方式，确保组织对人力资源的需求得到最大限度的满足。

（2）通过各种方式和途径，有计划地加强对现有员工的培训，不断提高他们的文化水平和技术业务水平。

（3）最大限度地开发与管理组织内外的人力资源，促进组织的持续发展。

（4）维护与激励组织内部人力资源，使其潜能得到最大限度的发挥，使其人力资本得到应有的提升与扩充。

（5）组织要根据现代组织制度的要求，做好工资、福利、安全、健康方面的工作，协调劳资关系。

（二）人力资源管理的内容

人力资源管理关心的是"人的问题"，其核心是认识人性、尊重人性，强调现代人力资源管理要"以人为本"。在一个组织中，围绕人，主要关心人本身、人与人的关系、人与工作的关系、人与环境的关系、人与组织的关系等。目前比较公认的观点是：现代人力资源管理就是一个人力资源的获取、整合、保持激励、控制调整及开发的过程。通俗地说，现代人力资源管理主要包括求才、用才、育才、激才、留才等内容和工作任务。

一般说来，现代人力资源管理主要包括以下几大系统。

①人力资源的战略规划、决策系统；②人力资源的成本核算与管理系统；③人力资源的招聘、选拔与录用系统；④人力资源的教育培训系统；⑤人力资源的工作绩效考评系统；⑥人力资源的薪酬福利管理与激励系统；⑦人力资源的保障系统；⑧人力资源的职业发展设计系统；⑨人力资源管理的政策、法规系统；⑩人力资源管理的诊断系统。

为了科学、有效地实施现代人力资源管理各大系统的职能，从事人力资源管理工作的人员必须掌握三方面的知识：关于人的心理、行为及其本性的一些认识；心理、行为测评及其分析技术，即测什么、怎么测、效果如何等；职务分析技术，即了解工作内容、责任者、工作岗位、工作时间、怎么操作、为什么做等方面的技术。

对一个组织、一个单位来说，人力资源管理的内容主要包括员工招聘、录用、选拔、任用、调配、考核、培训、奖惩、晋升、薪酬、福利、社会保障以及劳动关系的处理。如果是一个国家或一个地区的宏观人力资源管理，还应包括人力资源的预测、人事监督、人事信息、人员分布、人员流动的控制等。具体来说，人力资源管理主要内容可以归结为以下几大类。

1. 人力资源规划

根据组织的发展战略和经营计划，评估组织的人力资源现状及发展趋势，收集和分析人力资源供给与需求方面的信息和资料，预测人力资源供给和需求的发展趋势，制定人力资源招聘、调配、培训、开发及发展计划等政策和措施。通过制定人力资源规划，一方面保证人力资源管理活动与组织的战略目标一致，另一方面保证人力资源管理活动的各个环节互相协调，避免冲突。

2. 人力资源成本会计工作

人力资源管理部门应与财务等部门合作，建立人力资源会计体系，开展人力资源投入成本与产出效益的核算工作。人力资源会计工作不仅可以改进人力资源管理工作本身，而且可以为决策部门提供准确和量化的依据。

3. 岗位分析和工作设计

对组织中的各个工作和岗位进行分析，确定每一个工作和岗位对员工的具体要求，包括技术及种类、范围和熟悉程度；学习、工作与生活经验；身体健康状况；工作的责任、权利与义务等方面的情况。这种具体要求必须形成书面材料，这就是工作岗位职责说明书。这种说明书不仅是招聘工作的依据，也是对员工的工作表现进行评价的标准，进行员工培训、调配、晋升等工作的依据。

4. 人力资源的招聘与选拔

根据组织内的岗位需要及工作岗位职责说明书，利用各种方法和手段，如接受推荐、刊登广告、举办人才交流会、到职业介绍所登记等从组织内部或外部吸引应聘人员，并且经过如接受教育程度、工作经历、年龄、健康状况等方面的资格审查，从应聘人员中初选出一定数量的候选人，再经过严格的笔试、面试、评价中心、情景模拟等方法进行筛选，确定最后录用人选。人力资源的选拔，应遵循平等就业、双向选择、择优录用等原则。

5. 雇用管理与劳资关系

员工一旦被组织聘用，就与组织形成了一种雇用与被雇用的、相互依存的劳资关系。为了保护双方的合法权益，有必要就员工的工资、福利、工作条件和环境等事宜达成一定的协议，并签订劳动合同。

6. 教育、培训和开发

任何应聘进入一个组织的新员工都必须接受入职教育，这是帮助新员工了解和适应组织、接受组织文化的有效手段。入职教育的主要内容包括组织的历史发展状况和未来发展规划、职业道德和组织纪律、劳动安全卫生、社会保障和质量管理知识与要求、岗位职责、员工权益及工资福利状况等。

为了提高广大员工的工作能力和技能，有必要开展富有针对性的岗位技能培训。通过培训和开发提高员工的工作能力、端正员工的工作态度，提高员工和组织整体的工作绩效，进一步挖掘出员工的潜能。对于管理人员，尤其是对即将晋升者有必要开展提高性的培训和教育，目的是促使他们尽快具有在更高一级职位上工作的全面知识、熟练技能、管理技巧和应变能力。

7. 绩效考核

绩效考核，就是对照工作岗位职责说明书和工作任务，对员工的业务能力、工作表现及工作态度等进行评价，并给予量化处理的过程。这种评价可以是自我总结式，也可以是他人的评价，或者是综合评价。考核结果是员工晋升、接受奖惩、发放工资、接受培训等的有效依据，它有利于调动员工的积极性和创造性、检查和改进人力资源管理工作。

8. 帮助员工的职业生涯发展

人力资源管理部门和管理人员有责任鼓励和关心员工的个人发展，帮助其制订个人发展计划，并及时进行监督和考察。这样做有利于促进组织的发展，使员工有归属感，进而激发其工作积极性和创造性，提高组织效益。人力资源管理部门在帮助员工制订其个人发展计划时，有必要考虑它与组织发展计划的协调性或一致性。只有这样，人力资源管理部门才能对员工实施有效的帮助和指导，促使个人发展计划顺利实施并取得成效。

9. 薪酬与福利保障设计

合理、科学的工资报酬与福利体系关系到组织中员工队伍的稳定与否。人力资源管理部门要从员工的资历、职级、岗位及实际表现和工作成绩等方面，来为员工制定相应的、具有吸引力的工资报酬与福利标准和制度。工资报酬应随着员工的工作职务升降、工作岗位的变换、工作表现的好坏与工作成绩进行相应的调整，不能只升不降。

员工福利是社会和组织保障的一部分，是工资报酬的补充或延续。它主要包括政府规定的退休金或养老保险、医疗保险、失业保险、工伤保险、节假日，以及为了保障员工的工作安全卫生，提供的必要的安全培训教育、良好的劳动工作条件等。

10. 保管员工档案

人力资源管理部门有责任保管员工入职时的简历以及入职后关于工作主动性、工作表现、工作成绩、工资报酬、职务升降、奖惩、接受培训和教育等方面的书面记录材料。

四、人力资源管理的功能与意义

（一）人力资源管理的特征与功能

人力资源管理具有时效性、能动性、两重性、智力性、再生性、连续性、时代性、社会性、消耗性等特征。

现代组织人力资源管理，具有以下五种基本功能。

1. 获取

根据组织目标确定的所需员工条件，通过规划、招聘、考试、测评、选拔，获取组织所需人员。

2. 整合

通过企业文化、信息沟通、人际关系和谐、矛盾冲突的化解等有效整合，使组织内部的个体、群众的目标、行为、态度趋向组织的要求和理念，使之形成高度的合作与协调，发挥集体优势，提高组织的生产力和效益。

3. 保持

通过薪酬、考核、晋升等一系列管理活动，保持员工的积极性、主动性、创造性，维护劳动者的合法权益，保证员工在工作场所的安全、健康、舒适的工作环境，以增进员工满意感，使之安心满意地工作。

4. 评价

对员工工作成果、劳动态度、技能水平以及其他方面做出全面考核、鉴定和评价，为做出相应的奖惩、升降、去留等决策提供依据。

5. 发展

通过员工培训、工作丰富化、职业生涯规划与开发，促进员工知识、技巧和其他方面素质的提高，使其劳动能力得到增强和发挥，最大限度地实现其个人价值和对组织的贡献率，达到员工个人和组织共同发展的目的。

（二）人力资源管理的意义

在人类所拥有的一切资源中，人力资源是第一宝贵的，自然成了现代管理的核心。不断提高人力资源开发与管理的水平，不仅是当前发展经济、提高市场竞争力的需要，也是一个国家、一个民族、一个地区、一个单位长期兴旺发达的重要保证，更是一个现代人充分开发自身潜能、适应社会、改造社会的重要措施。

人力资源管理的主要意义如下。

（1）通过合理的管理，实现人力资源的精干和高效以取得最大的使用价值。人的使用价值达到最大就等于人的有效技能最大地发挥。

（2）通过采取一定措施，充分调动广大员工的积极性和创造性，也就是最大限度地发挥人的主观能动性。调查发现，按时计酬的员工每天只需发挥自己 20%~30% 的能力，就足以保住个人的饭碗；但若充分调动其积极性、创造性，其潜力可发挥出 80% ~ 90%。

（3）培养全面发展的人。人类社会的发展，无论是经济的、政治的、军事的、文化的发展，还是其他方面的发展，最终目的都要落实到人———一切为了人本身的发展。目前，教育和培训在人力资源开发和管理中的地位越来越高，正如马克思所指出的，教育不仅是提高社会生产的一种方法，而且是造就全面发展的人的唯一方法。

实际上，现代人力资源管理的意义可以从三个层面，即国家、组织、个人来加以理解。目前，"科教兴国""全面提高劳动者的素质"等国家的方针政策，实际上谈的是一个国家、一个民族的人力资源开发管理。我们不从宏观层面和微观层面，即国家和个人来谈人力资源管理，而是从中观层面，即针对企业组织来谈现代人力资源管理，因此，我们更为关注现代人力资源管理对一个企业的价值和意义。我们认为，现代人力资源管理对企业的意义，至少体现在以下几方面。

（1）对于企业决策层。人、财、物、技术、信息等，可以说是企业管理关注的主要方面，人又是最为重要的、活的第一资源，只有管理好了"人"这一资源，才算抓住了管理的要义、纲领。

（2）对于人力资源管理部门。人不仅是被管理的"客体"，更是具有思想、感情、主观能动性的"主体"。制定科学、合理、有效的人力资源管理政策、制度，并为企业组织的决策提供有效信息，永远都是人力资源管理部门的课题。

（3）对于一般管理者。任何管理者都不可能是一个"万能使者"，更多的应该是扮演一个"决策、引导、协调"属下工作的角色。他不仅仅需要有效地完成业务工作，更需要培训下属，开发员工潜能，建立良好的团队组织。

（4）对于普通员工。任何人都想掌握自己的命运，但自己适合做什么，企业组织的目标、价值观念是什么，岗位职责是什么，自己如何有效地融入组织中，结合企业组织目标如何开发自己的潜能、发挥自己的能力，如何设计自己的职业人生等，这是每个员工十分关心而又深感困惑的问题。我们相信现代人力资源管理会为每位员工提供有效的帮助。

第四节　市场营销环境与目标市场营销

一、市场营销环境

（一）市场营销环境的定义

聪明的营销人员在规划营销活动之前，必须先收集、分析"营销气候"的状况，也就是要了解营销环境。那么什么是市场营销环境呢？它包括哪些内容？市场营销环境泛指一切影响和制约企业市场营销决策和实施的内部条件和外部环境的总和，即指企业在开展营销活动中受其影响和冲击的不可控行动者和社会力量，如供应商、顾客、文化和法律环境等。

（二）市场营销环境分析

企业作为一个系统，在其内部以及在其之外的环境要素之间都发生着物质和信息的交换，企业活动必然要受外部环境和内部条件的影响与制约。企业如果要在市场竞争中构建战略优势，就必须正确地确定其目标和正确制定达成其目标的营销战略方案，而做好此事的前提是必须对企业的营销环境与条件进行认真的分析，做到对环境提供的机遇与威胁、企业自身优势与劣势的了解与掌握。

1. 分析内容

所谓市场营销环境与条件分析，是指企业为了构建营销优势，以利于自身的生存与发展，而对所处环境和内部条件中的关键性影响因素形成一个清晰认识的过程。一个成功的分析，必须正确地回答以下问题：

（1）企业当前所处的市场地位在什么层次上？企业面临的宏观环境和行业环境的现状如何且正在和将要发生哪些变化？这些变化会对企业的现在和将来带来哪些影响及如何影响？

（2）对环境的现状与变化，企业具有哪些优势和劣势？

（3）企业所有者（股东）及其联盟和企业管理者的期望是什么？

（4）以上这些情况怎样影响着企业当前的地位？将来又会怎样发生变化？

正确回答上述问题即构成企业营销环境与条件分析的内容。分析包含下面五个方面。

（1）宏观环境分析。每个企业都处在复杂的政治、经济、科技和社会环境中，宏观环境分析主要是分析这些环境因素对企业的影响。

（2）行业环境分析。对企业所处的或即将进入的行业的结构、竞争状况和发展趋势进行详细的分析。

（3）企业能力分析。即对企业自身能力的分析，以了解自身的优势和劣势所在。

（4）所有者期望分析。了解企业所有者的期望会影响企业决定可以接受哪些东西。

（5）企业文化分析。面对相同的环境与资源，不同企业文化背景的企业会得出不同的结论。

这五大方面构成三个层次，即宏观环境分析、行业环境分析和企业内部条件分析。

2. 基本原则

市场营销环境与条件分析为制定科学合理的营销战略提供了基础，经过分析所得出的结果将直接导致营销战略的定位。但我们要知道，企业内外部环境与条件的客观存在是要我们通过对其的感知才能被认识的。对同样的客观存在，分析者观念上、方法上和自身背景上等方面的差异都会导致最后对其分析结论上的不同，甚至可能得出完全相反的结论。为了保证分析的相对准确性，真正成为市场营销战略制定与选择的基础，必须坚持以下基本原则。

（1）相对性原则。企业外部环境的机会与威胁、企业自身的优势与劣势都是相对的。客观存在的外部环境必须结合企业自身的情况才能得以正确识别，某些客观环境因素对某些企业可能是威胁，而对另一些企业则可能是机会。同一环境对本企业，可能既是有威胁的一面，又是有机会的一面，这又取决于企业如何利用自身条件来发挥优势。另外，企业自身的优势又是相对竞争者而言的，而不是自己与自己的比较。这一切都要求我们在分析中要进行认真的相互比较，坚持相对性原则，争取使分析相对正确。

（2）综合性原则。根据上述的相对性原则，我们在分析中必须针对企业外部环境、自身条件和竞争者的情况，并结合所有者的期望及企业文化特点进行综合性的分析，而不是孤立地分析某一个要素，否则就会形成片面性而造成分析结论的失真。

（3）连续性原则。市场营销环境与条件分析不是一次性的活动，而是一个连续的过程。外部环境与企业自身情况都在不断变化，这就要求我们必须随时进行连续的分析。

（4）前瞻性原则。要根据过去和现在的信息，并结合事物发展的基本规律，来研究外部环境因素及企业自身情况因素等的变化趋势，预测其在未来若干年内的可能变化。

（三）宏观环境分析

宏观环境因素由政治环境、经济环境、社会文化环境和技术环境等四大类因素构成。我们把通过对这四大类因素的分析来了解和把握企业宏观环境的现状、变化趋势及对企业营销的影响的分析方法称为"PEST 分析法"。

1.政治环境分析

政治环境是指对企业的经营活动具有一定制约作用的各种政治与法律因素的总和，其主要内容有以下几点。

（1）企业所在地（或国家）的政治制度和政局形势。一个国家或地区的政治制度和政局稳定程度是企业生存与发展和如何生存与发展的最基本的环境因素。

（2）政府推行的政策及其连续性和稳定性。这些政策包括产业政策、税收政策、政府订货及补贴政策，等等。任何国家的政府都要通过这类基本政策来调整产业结构，引导投资方向和保护消费者、保护环境等，以此来表明政府在一段时间内鼓励做什么和不鼓励做什么。企业营销战略目标与方向只有顺应这种大趋向，才能做到适者生存。

（3）政府行为的影响。政府在社会经济中，还扮演着两个角色：其一，作为供应者，政府拥有无可比拟的自然资源（矿产、森林、土地等）和国家储备等，其决定和偏好极大地影响着企业营销的走向；其二，作为购买者，政府也很容易培育、维持、增强或消除许多市场机会，如政府订货就对军事、航空航天等工业有重大影响，同时也间接地影响到其他行业的消费走向。

（4）法律的影响。法律是政府用来管理企业的一种手段，这里所说的法律包括国家和地方制定的各种法律、法规、法令等，它规定了企业可以做什么和不可以做什么，可将其理解为国家为企业活动制定的宏观游戏规则。

（5）各种政治利益集团的影响。政治利益集团包括各种社会团体、大财团等。一方面，这些集团会影响政府的政策乃至法律的走向；另一方面，这些集团还可能通过法律诉讼、传播媒介等直接对企业施加影响。企业必须对他们的态度及思维走向有一定的了解和掌握。

此外，国际形势及其变化、重大政治事件或社会事件都可能给企业带来机会或威胁。

作为一个企业，应事先对上述各因素进行全面的分析与了解，以便尽可能把握机遇，降低风险。

2. 经济环境分析

经济环境因素是指影响企业生存与发展的社会经济状况和经济政策，包括所在国家或地区的经济体制、经济结构、经济政策、经济发展状况、国民消费水平等。宏观经济运行状况可通过一系列的指标来反映，如经济增长率、就业水平、物价水平、通货膨胀率、汇率、国际收支情况、利息率，等等。

另外，经济环境因素中还包括居民收入支出因素（这可进一步细分为名义收入、实际收入、可支配收入、可随意支配收入、消费支出模式、生活费用等）、经济体制、金融制度等。

企业的经济环境分析就是要对以上各个要素进行分析，运用各种指标，准确地分析宏观经济环境对企业的影响，从而制定出正确的企业经营战略。

3. 社会文化环境分析

社会文化环境包括一个国家或地区的社会性质、人们共有的价值观、文化传统、生活方式及人口状况、教育程度、风俗习惯、宗教信仰等各个方面。这些因素是人类在长期的生活和成长过程中逐渐形成的，人们总是自觉不自觉地接受这些准则作为行动的指南。

4. 科技环境分析

（1）科技环境及其给企业经营带来的影响

企业的科技环境指的是企业所处的环境中的科技要素及与该要素直接相关的各种社会现象的集合。科学技术是最引人注目的一个因素，新技术革命的兴起影响到社会经济的各个方面，人类社会的每一次重大进步都离不开重大的科技革命。一种新技术的出现和成熟可能会导致一个新兴行业的产生。

科学技术迅猛发展给企业带来的影响表现在：其一，科学技术的迅猛发展，使商品从适销到成熟的时间距离不断缩短，大部分产品的市场生命周期有明显缩短的趋势；其二，技术贸易的比重加大；其三，劳动密集型产业面临的压力加大；其四，发展中国家劳动力费用低的优势在国际经济联系中将被削弱；其五，流通方式将向更加现代化的方向发展；其六，生产的增长越来越多地依赖科技的进步；其七，对企业的领导结构及人员素质提出更高的甚至是全新的要求。

（2）企业的科技环境因素

企业的科技环境，大体包括社会科技水平、社会科技力量、国家科技体制、国家科技政策和科技立法等基本要素。

社会科技水平是构成科技环境的首要因素，它包括科技研究的领域、科技研究成果门类分布及先进程度和科技成果的推广及应用三个方面。

在企业面临的诸多环境因素中，科学技术本身是强大的动力。科技因素对企业的影响是双重的：一方面，它可能给某些企业带来机遇；另一方面，科技因素会导致社会结构发生变化，从而给某些企业甚至整个行业带来威胁。例如技术造出汽车、青霉素、电子计算机的同时也造出了核弹、神经性毒气、计算机病毒危害人类；每种新技术都是一种破坏性的创造，新技术的出现总会无情地危害原有的技术。

科技的发展，新技术、新工艺、新材料的推广使用，对企业产品的成本、定价等也有重要影响，这种影响就其本质而言，是不可避免和难以控制的。企业要想取得经营上的成功，就必须预测科学技术发展可能引起的后果和问题、可能带来的机遇或威胁；必须十分注意本行业产品的技术状况及科技发展趋势；必须透彻地了解与所研究的技术项目有关的历史、当前发展状况和未来趋势，对其进行准确的分析与预测。

（四）行业环境分析

相对于宏观环境来说，行业环境因素对企业的影响更为直接与具体。企业也应更加重视行业环境的分析。

行业是由具有众多相同或相近属性的产品的企业所构成的群体，这个群体由于其产品在很大程度上的可相互替代性而处于一种彼此紧密联系的状态，并由于产品及可替代性的差异而与其他群体相区别。当企业创造了某种新的产品并能够满足一部分消费者的需要的时候，市场就产生了。我们将对某类产品有需求的消费者的集合称为市场，而将提供这类产品来满足这种需求的企业的集合称为行业。行业中的企业为争夺一个相同的买方群体会产生竞争与合作。

理解和分析行业环境，要注意几个关键点：一是行业竞争状况分析（包括行业的五种竞争力量分析、行业竞合互动关系分析）；二是行业的演变分析（包括行业演变阶段与模式分析、影响行业兴衰的主要因素分析）；三是行业吸引力评价。

1. 行业的五种竞争力量分析

迈克尔·波特及众多学者的深入研究与实践结果认为，行业的竞争性质和强度由五种竞争力量所决定，即潜在厂商的威胁力、消费者的讨价还价能力、替代品生产商的威胁力、供应商的讨价还价能力、同行业企业的竞争力。作为企业营销管理者，应充分分析这五种力量对行业竞争状况的影响及其因素构成，以便了解本企业所处的市场竞争地位，进而制定相应的营销战略与策略。

任何行业中，企业都要面对这五种力量的影响。作为企业来说，无论是现正处于或即将进入某行业，都必须识别并分析清楚这五种力量及其强弱，并结合自身的优势，制定相应的战略，以便在现有的或即将进入的行业中取得市场竞争优势。

2. 行业竞合互动关系分析

行业内企业并不都是竞争对手，通常情况下是既有竞争又有合作，而且这种竞合关系还必然涉及买方（顾客）、卖方（供应商）、替代品厂商、潜在进入者、互补品厂商等多种市场力量。企业与这些市场力量之间形成一种竞合互动关系。

从合作关系角度看，企业与同行业企业、顾客、供应商、替代品厂商、互补厂商、潜在进入者之间均存在合作的可能。能否合作关键在于各主体之间是否存在优势互补和提升共同利益的机会。同时我们也可看到，其实合作的真实目的是取得更大范围上的竞争优势。

从竞争关系角度看，社会总资源和总购买力稀缺的制约，必然会导致各企业对关键资源、营销渠道与最终顾客的激烈争夺，特别是在一个进入成熟阶段的行业（市场饱和或接近饱和）中，这种竞争表现得更为激烈。

总之，在任何一个行业中，企业与其他主体之间均存在竞争与合作。但要知道竞争是永恒的，合作的目的是更好地竞争，上述几大主体中任何两方或多方的合作均是增加其相对于其他各方的竞争优势的途径。而对企业来说，合作与竞争都是实现目标的手段，企业可尽力寻找通过合作达到共赢的模式以取得在更大范围上的竞争优势，从而更好地实现企业目标。

3.行业演变阶段与模式分析

（1）行业演变阶段

任何一个行业，如果忽略其行业具体的产品和技术等方面的差异，从其出现到完全退出社会经济活动，一般主要经历四个阶段，即初创阶段、成长阶段、成熟阶段和衰退阶段。这种阶段的演化是由社会对该行业产品的需求状况所决定的，长者需要一百年、几百年甚至数千年（如纺织服装行业，经历了几千年，现仍未退出社会经济），短者也需几十年。

事实上，行业演变阶段是复杂的，简单地用上述四个阶段很难真正描述。有些行业由于技术的进步，进入成熟或衰退阶段后又步入一个新的旺盛时期。在一些情况下，要准确确定行业所处的阶段是困难的，这种阶段划分只是提供给我们一种思维模式，应用时必须将其与各行业的具体情况结合起来加以分析，否则很容易陷入片面性而导致战略上的失误。

（2）行业演变模式

行业演变是由行业内各要素的变化和行业外各相关因素的影响而渐渐进行的，但这种变化和影响不是孤立的，行业作为一个有机的系统，其任何一个要素的变化都会对其他要素产生一系列作用进而影响整个系统的演变。也正是这些不断的变化导致整个行业的演变。渴望成功的企业就必须对这种演变做出相应的战略反应。但行业演变的过程与模式因不同行业的特点与结构而呈现多样化，不可能用同一种模式来解释不同行业演变的具体过程与途径，必须具体行业具体分析。根据企业营销及其战略的需要，这里重点分析一下在行业演变方式上的一个重要问题——行业的集中与分散。

当前在行业演变模式上，似乎有一种说法能被大家所认可，那就是行业的演变从这个行业出现后，都会经历从少数企业创业到众多企业加入形成群雄争霸（分散）再经过市场竞争进入几大巨头垄断（集中）的过程。

事实上，这种说法带有片面性，对部分行业如彩电、冰箱等家电行业，轿车行业等行业来说，确实遵循这一从分散走向集中的模式。但也有很多行业如农产品行业、纺织服装行业等是很难集中的。

行业的分散与集中及其走向是企业营销必须关注的重要问题，它会直接影响企业的营销定位与决策。

当然，随着社会需求水平的提高，科技的高速进步和社会经济发展的不平衡性，越来越多的行业会经历从分散到集中这一演变模式。因为消费者对产品的功能、质量、服务等需求的水平越来越高，新技术的不断出现，企业研发力量与水平和资源拥有的不一致性，这些因素必然导致行业内只有少部分企业能跟上发展，自然地迫使弱小企业退出行业或被兼并、合并而形成较高的进入壁垒，从而形成行业集中。

4.行业吸引力评价

行业吸引力是企业决定是否进入某行业或在该行业采取什么营销战略的关键因素之一。应该说，前述的行业竞争与合作状态、行业演变所处的阶段与演变模式、行业的兴衰程度、政府干预程度等都直接影响到行业的吸引力。作为一项指标，我们对其的评价一般从市场规模、市场增长率和行业盈利率这三个因素来进行分析。

评价的方式可以按照这三大因素，并结合对行业的整体分析，采用集体讨论、评价打分（满分为5分），再加权计算的方法得出一个量化的指标，供战略决策参考。

需要说明的是，行业是否有吸引力是相对的，这种相对性表现在如下两个方面。

（1）不同行业的相对性。在评价行业的吸引力时，对不同因素的评分，是通过对不同行业的比较来进行相对打分的。例如：你可能在电视业和移动电话业中选择盈利水平，如果给电视业打 2 分的话，移动电话是否可打到 4 分？

（2）本企业的相对性。企业根据自己的角度来进行评价，同一个因素，对业外人没有吸引力却可能对业内人有吸引力；对弱小竞争厂商没有吸引力却可能对强大的竞争厂商有吸引力。行业外的公司对某一个行业的业务进行审查之后，可能认为这是一项不值得他们进入的业务，对他们来说由于他们具有特定的资源和能力，可能在其他行业更具有盈利的机会。但是，一个在本行业已经处于有利地位的公司在对同一个商业环境进行审查之后却可能认为该行业是具有吸引力的。一切都取决于企业将外部环境与自身内部资源能力组合后去取得最佳收益。

二、目标市场营销

为什么有些人喜欢抽烟、饮酒，有些人则喜欢钓鱼、打牌？为什么有的人买衣服一定要买名牌，而有的人则更看重时尚？目标市场上的顾客到底对产品有怎样的需求，诱发顾客购买的动机又是什么？大部分的顾客是如何进行购买决策的？顾客为什么会选择你的产品而不选择其他厂家的产品？这些问题都可以通过目标市场营销理论的学习来解惑。那么到底什么是目标市场和目标市场营销呢？目标市场就是企业拟投其所好为之服务的具有相似需要的顾客群体。目标市场营销就是企业在其资源有限的条件下，根据市场需求的异质性，把整体市场划分为若干个子市场，并选择相应的子市场作为企业的目标市场，从而更有效地发挥自己的资源优势，更好地满足顾客的需要，实现企业的营销目标的一种营销战略。

目标市场营销包括三个步骤。

一是市场细分，二是选择目标市场，三是进行市场定位。

（一）市场细分

1.定义

市场细分（Market Segmentation），也称为市场分割，是由美国市场营销学家温德尔·史密斯于 20 世纪 50 年代中期首先提出来的一个新概念。其含义是指营销者通过市场调研，依据消费者（包括生活消费者、生产消费者）的需要与欲望、购买行为和购买习惯等方面的明显差异性，把某一产品的整体市场划分为若干个消费群（买主群）的市场分类过程。

2. 作用

（1）有利于发现市场营销机会

市场营销机会是已出现于市场但尚未加以满足的需求。这种需求往往是潜在的，一般不容易发现。运用市场细分的手段，便于发现这类需求并从中寻找适合本企业开发的需求，从而抓住市场机会使企业赢得市场主动权。

（2）能有效地运用营销策略

市场细分是市场营销组合策略运用的前提。企业要想实施市场营销组合策略，首先必须对市场进行细分，确定目标市场。因为任何一个优化的市场营销组合策略的制定，都是针对所要进入的目标市场的。离开了目标市场，制定的市场营销组合策略就是无的放矢，是不可行的。

（3）能有效地与竞争对手相抗衡

在企业之间竞争日益激烈的情况下，通过市场细分，有利于企业发现目标消费者的需求特性，从而调整结构，增加产品特色，提高企业的市场竞争能力，有效地与竞争对手相抗衡。

（4）能有效地拓展新市场，扩大市场占有率。

3. 市场细分的依据

市场细分化是一个包含许多变量的多元化过程。

（1）消费者市场细分

第一，地理细分。按照消费者所处的地理位置、自然环境来细分市场称为"地理细分"。具体变量包括国家、地区、城市、乡村、城市规模，人口密度、不同的气候带、不同的地形地貌等。地理细分之所以可行，主要是由于处在不同地理环境下的消费者，对同一类产品可能会有不同的需要与偏好；他们对企业产品的价格、销售渠道、广告宣传等营销措施的反应也常常存在差别。例如：

防暑降温、御寒保暖之类的消费品按不同气候带细分市场；家用电器、纺织品之类的消费品按城乡细分市场十分必要；而按人口密度来细分市场，对于基本生活必需品、日用消费品的生产厂家则可能很有意义。

第二，人口细分。按照人口统计因素来细分市场称为"人口细分"。这方面的变量很多，如年龄、性别、职业、收入、教育、家庭人口、家庭生命周期、国籍、民族、宗教、社会阶层等，具体可以从人口年龄构成、性别差异、家庭构成、社会构成四个方面进行。很明显，人口变量与需求差异性之间存在着密切的因果关系。不同年龄组、不同文化水平的消费者，会具有不同的生活情趣、消费方式、审美观和产品价值观，因而对同一产品，例如服装或书籍，必定会产生不同的消费需求；而经济收入的高低不同则会影响人们对某一产品在质量、档次等方面的需求差异，如此等等。

第三，心理细分。按照消费者的心理特征来细分市场称为"心理细分"。心理因素十分复杂，包括生活方式、个性、购买动机、价值取向以及对商品供求趋势和销售方式的感应程度等变量。

第四，行为细分。所谓行为细分，就是企业按照消费者购买或使用某种产品的时机、消费者所追求的利益、使用者情况、消费者对某种产品的使用率、消费者对品牌（或商店）的忠诚程度、消费者待购阶段和消费者对产品的态度等行为变量来细分消费者市场。

有些产品从"消费时机"角度来细分市场是有意义的。例如，居民平时与节假日对礼品旅游之类产品和服务的消费行为，学生平时与开学之际对学习用品的购买行为，都存在着较大差异，这就要求企业相应规划、设计出不同的营销方案。

按消费者进入市场的程度，可将同种产品的消费者区分为经常购买者、初次购买者、潜在购买者等不同群体。一般说来，大企业实力雄厚，市场占有率较高，因而特别注重吸引潜在消费者，使他们成为本企业产品的初次购买者，进而成为经常购买者，以不断扩大市场阵地；而小企业资源有限，无力开展大规模的促销活动，以吸引、保持住一部分经常购买者为上策。

按消费数量来细分市场，称为"数量细分"。这是"行为细分"的一种主要形式。许多产品的经常购买者都可以进一步细分为大量用户、中量用户、少量用户这样几个消费者群体。

消费者对许多产品都存在着"品牌忠诚"这样一种购买行为。根据对品牌的忠诚状况，可将一种产品的消费者划分为下列几个主要群体。

单一品牌忠诚者。这类消费者一贯忠诚于某一种品牌。任何时候、任何场合都只购买该种品牌的产品。

几种品牌忠诚者。这类消费者的购买总是限于很少几种品牌。

无品牌偏好者。这类消费者对何种品牌无所谓。购买具有很大的随意性。

上述划分法会给营销者如下启迪。

凡是单一品牌忠诚者占较大或很大比重的市场的情况，其他企业很难进入，即使进入也难以提高市场占有率；如果情况相反，则有利于其他企业进入该市场并逐步扩大市场份额；而对非品牌偏好者，企业宜在促销方面多努力，尽力吸引他们以扩大销售。

（2）产业市场细分

在消费者市场的细分变量中，除人口因素、心理因素中的某些具体变量，如生活方式以外，相当一部分同时可以用作细分产业市场的依据。

细分产业市场的主要依据有三：一是用户（客户）行业，二是用户规模，三是用户地理位置。

4.市场细分的程序

美国市场学家麦卡锡提出细分市场的一整套程序，这一程序包括七个步骤。

（1）选定产品市场范围，即确定进入什么行业，生产什么产品。

（2）列举潜在消费者的基本需求。

（3）了解不同潜在用户的不同要求。

（4）抽掉潜在顾客的共同要求，而以特殊需求作为细分标准。

（5）根据潜在顾客基本需求上的差异方面，将其划分为不同的群体或子市场，并赋予每一子市场一定的名称。

（6）进一步分析每一细分市场需求与购买行为特点，并分析其原因，以便在此基础上决定是否可以对这些细分出来的市场进行合并，或做进一步细分。

（7）估计每一细分市场的规模，即在调查基础上，估计每一细分市场的顾客数量、购买频率、平均每次的购买数量等，并对细分市场上产品竞争状况及发展趋势做出分析。

（二）市场选择

企业在确定其目标市场战略时，有无差异市场营销、差异性市场营销和集中性市场营销三种选择。

无差异市场策略的具体内容是：

企业把一种产品的整体市场看作是一个大的目标市场，营销活动只考虑消费者或用户在需求方面的共同点，而不管他们之间是否存在差异。因而企业只推出单一的标准化产品，设计一种市场营销组合，通过无差异的大力推销，吸引尽可能多的购买者。

无差异营销的最大优点和立论基础是成本的经济性。但是，这种策略对于大多数产品并不适用，对于一个企业来说一般也不宜长期采用。

差异性市场营销策略和集中性市场营销策略本书不做过多的陈述。

（三）市场定位

1. 定义

市场定位，也被称为产品定位或竞争性定位，是在 20 世纪 70 年代由美国营销学家艾·里斯和杰克·特劳特提出的，是指根据竞争者现有产品在细分市场上所处的地位和顾客对产品某些属性的重视程度，塑造出本企业产品与众不同的鲜明个性或形象并传递给目标顾客（即目标市场），使该产品在细分市场占有强有力的竞争地位。也就是说，市场定位是塑造一种产品在细分市场上的位置。

2. 市场定位方式

（1）避强定位

也称为补缺定位。这是一种避开强有力的竞争对手的市场定位。其优点是能够迅速地在市场上站稳脚跟，并能在消费者或用户心目中迅速树立起一种形象。由于这种定位方式市场竞争风险较小，成功率较高，常常为多数企业所采用。但空白的细分市场往往同时也是难度最大的细分市场。

（2）迎头定位

也称为对抗定位。这是一种与在市场上占据支配地位的，亦即最强的竞争对手"对着干"的定位方式。显然，迎头定位有时会是一种危险的战术，但不少企业认为这是一种更能激励自己奋发上进的可行的定位尝试，一旦成功就会取得巨大的市场优势。事实上，这类事例屡见不鲜，如可口可乐与百事可乐之间持续不断的争斗，"汉堡王"与麦当劳快餐系统的对着干，等等。实行迎头定位，必需知己知彼，尤其应清醒估计自己的实力，不一定非要压垮对方，能够平分秋色就已是巨大的成功。

（3）重新定位

通常是指对销路少、市场反响差的产品进行二次定位。很明显，重新定位旨在摆脱困境，重新获得增长与活力。这种困境可能是企业决策失误引起的，也可能是对手有力反击或出现新的强有力竞争对手造成的。不过，也有的重新定位并非因为已经陷入困境，相反，却是由产品意外地扩大了销售范围引起的。例如，专为青年人设计的某种款式的服装在中老年消费者中也流行开来，该产品就会因此而重新定位。

第五节　市场调查与预测

一、市场调查

在企业的营销管理过程中，营销决策者经常需要通过专门性的调查研究收集有关的信息。例如，某企业准备生产一种新产品，在做出决策之前，有必要对该产品的市场潜力进行准确的预测。对此，无论是内部报告系统还是营销情报系统，都难以提供足够的信息以完成这一预测，这就需要市场调查。

（一）定义

什么是市场调查？市场调查是指运用科学的方法系统和客观地辨别、收集、分析和传递为有关市场营销决策提供重要依据的过程。

（二）类型

市场调查按调查目的可分为探测性调查、描述性调查、因果性调查和预测性调查。

1.探测性调查

当企业对所要调查的问题和范围尚不清楚，无法确定应当调查什么问题、调查哪些内容时，可采用探测性调查。探测性调查的目的是确定调查的问题和范围。至于问题如何解决，尚需进行其他调查。

2.描述性调查

描述性调查是指通过搜集与市场有关的各种历史资料和现实资料，并通过对这些资料的分析，来揭示市场发展变化的趋势，从而为企业的市场营销决策提供科学的依据。多数的市场调查是属于描述性的。与探测性调查相比，描述性调查要深入一步。

3.因果性调查

进行因果性调查的目的是要揭示和鉴别某个因变量的变化究竟受哪些因素的影响以及各种影响因素的变化对因变量产生影响的程度。因果性调查主要解决"为什么"的问题。

4.预测性调查

预测性调查是根据前三种调查所提供的各种市场情报资料，运用定性或定量的方法，推断市场在未来一定时期内对某种产品的需求情况及变化趋势。

（三）步骤

市场调查六个具体步骤如下。

①确定调查目的；②编制调查计划；③设计调查表格；④实施调查，搜集资料；⑤整理、分析调查资料；⑥撰写市场调研报告。

（四）方法

市场调查的方法主要有如下几种。

1. 文案调查法

利用公开资料进行市场调查的方法称为文案调查法。文案调查法的调查对象是各种文献、档案中包含的信息资料。

2. 观察调查法

观察调查法是指调查者在现场对调查对象的情况进行直接观察，以取得市场信息的方法。

3. 访问调查法

访问调查法是指调查人员通过询问的方式向调查对象了解、收集信息资料的调查方法。访问调查法主要有以下四种类型：

（1）面谈调查法。

（2）电话调查法。

（3）邮寄调查法。邮寄调查法是指调查人员将设计印刷好的调查问卷通过邮政系统寄给已选定的调查对象，由调查对象按要求填写后再寄回来，调查者根据对调查问卷的整理分析，得到市场信息的方法。

（4）留置调查法。留置调查法是调查人员将调查问卷当面交给调查对象，并详细说明调查目的和填写要求，留下问卷，由被调查者自行填写，再由调查人员定期收回问卷的一种调查方法。

4. 实验调查法

实验调查法是一种特殊的市场调查方法。它是根据市场调查的目的，把调查对象置于一定的条件下，进行实验对比来收集市场信息资料的调查方法。

二、市场预测

企业在市场营销过程中，有时面临许多营销机会，这就需要对市场机会进行认真的分析比较，从中做出最有利于自己的选择。营销管理者需要进行市场预测。例如，预测整个市场的规模有多大？不同地区市场的规模有多大？目标市场的规模又有多大？未来若干年内市场规模将增大到什么程度？企业未来的销售潜力如何等等。什么是市场预测呢？让我们来看下面的定义。

（一）定义

市场预测是指根据市场营销的历史和现状，凭借以往的经验和知识，运用科学的方法和技术，对影响市场供求变化的诸因素进行调查研究，分析并预见、测算、判断其未来发展趋势，得出合乎逻辑的结论，为营销决策提供可靠依据的活动和过程。

（二）步骤

市场预测一般包括以下步骤。

确定预测目标；制订预测计划；搜集预测资料，选择预测方法；分析预测结论；确定预测结论。

（三）方法

1.定性预测方法

定性预测法也称为直观判断法，是市场预测中经常使用的方法。定性预测主要依靠预测人员所掌握的信息、经验和综合判断能力，预测市场未来的状况和发展趋势。这类预测方法简单易行，特别适用于那些难以获取全面资料进行统计分析的问题。主要包括以下几种具体方法。

（1）集合意见法。集合意见法是指企业内部经营管理人员、业务人员凭自己的经验判断，对市场未来需求趋势提出个人预测意见，再集合大家意见做出市场预测的方法。

（2）德尔菲法。德尔菲法是指采用背对背的信函方式征询专家小组成员的预测意见，经过几轮征询，使专家小组预测意见趋于集中，最后做出符合市场未来发展趋势的预测性结论的方法。

（3）购买者意向调查法。购买者意向调查法是通过一定的调查方式（如抽样调查、典型调查等）选择一部分或全部的潜在购买者，直接向他们了解未来某一时期（即预测期）购买商品的意向，并在此基础上对商品需求或销售做出预测的方法。在缺乏历史统计数据的情况下，运用这种方法可以取得数据资料，做出市场预测。

2.定量预测方法

定量预测是指利用比较完备的历史资料，运用数学模型和计量方法预测未来的市场需求的预测方法。定量预测法包括以下几种方法。

（1）趋势预测法。趋势预测法又称为时间序列预测法或趋势分析预测法，是运用商品供求的历史资料和数据，将大量的统计数据按照时间先后排列，从中找出经济发展过程中具有共同倾向的变动过程、方向和趋势，并将时间序列延伸，运用适当的数学模型来预测下期市场的商品供求数量或经济发展可能达到的水平的方法。

（2）点数预测法。点数预测法类似于现场观察，即通过在某一特定的地方如购买现场、交通要道甚至是公共场所，观察消费者对于一些时尚用品的购买和使用状况，以点数的方式记录消费者的需求与爱好，借以判断商品销售趋势的方法。

（3）回归分析预测法。回归分析预测法是指在分析市场现象自变量和因变量之间相关关系的基础上，建立变量之间的回归方程，并将回归方程作为预测模型，根据自变量在预测期的数量变化来预测因变量变化的预测方法。它是一种具体的、行之有效的、实用价值很高的市场预测方法。

第六节　购买行为分析

消费者的购买行为是企业对营销进行有效管理、有针对性地制定营销战略与策略的主要依据之一。它包括个体消费者购买行为分析和团体消费者购买行为分析两大部分。

一、个体消费者购买行为分析

个体消费者是指所有为了生活消费而购买产品的个人和家庭。世界各地的消费者每天都要做出购买决策，但不同年龄、不同文化水平的消费者其购买行为千差万别。因此，企业为了生存与发展，必须认真研究消费者的购买行为，进而掌握消费者究竟是如何决策的，影响其购买决策的因素是什么。理清这些问题的本质对企业营销无疑是非常重要的。

（一）个体消费者市场

个体消费者市场是为了生活消费而购买产品的个人和家庭的集合。个体消费者市场是一切市场的基础，是所有产品流通过程的终点，因此个体消费者市场又叫最终产品市场。个体消费者市场主要特点有：

①消费者人数众多、市场供应范围广泛；②交易数量小、交易次数多；③消费特点各异、消费需求易变；④需求弹性大、购买力流动快；⑤购买决策情绪化、购买本质非营利性。

（二）个体消费者购买角色

产品由谁购买，这个问题对于企业营销人员来说无疑是最关键的。对于一些产品来说，营销人员比较容易判断谁是决策者。例如，王先生路过报摊随手买了一份晨报。而对于一个家庭购买冰箱的过程显然要复杂得多，或许丈夫首先提出应该为家里置备一台冰箱，但款式、型号则有可能由太太根据其生活的需要来决定，最后可能由丈夫去交易。因此，在一次购买过程中，不同的人扮演的角色是不同的。个体消费者在购买决策过程中可能扮演的角色有：发起者、影响者、决策者、购买者和使用者。

所有这些角色都会对是否购买、购买什么、怎么购买、由谁购买、在哪里购买、什么时候购买等有关产生购买行为的问题产生影响。企业营销者必须要针对这些购买角色做出深入研究，以保证营销战略的正确性。

（三）个体消费者购买行为类型

个体消费者购买行为随其购买产品的不同而有所不同。对于贵重的、偶尔购买的产品，购买者总是比较谨慎，产品越是复杂其介入程度也越大。因此，根据购买者在购买过程中的介入程度以及品牌的差异程度，个体消费者购买类型可以分为复杂的购买行为、减少失调感的购买行为、寻求多样化的购买行为和习惯性购买行为。

1. 复杂的购买行为

当个体消费者购买的是贵重的产品，并且其购买行为是属于偶尔的或冒风险的、品牌之间存在着明显差异的，其购买行为往往就属于复杂的购买行为。由于产品价格高、品牌差异大，个体消费者往往缺乏对产品的了解，消费者会在购买前认真调研，一般不会在情况不明的状态下贸然购买。

2. 减少失调感的购买行为

减少失调感的购买行为发生在购买产品属于偶尔购买的、贵重的或是冒风险的，但产品品牌之间看不出有什么差异的情况下。例如购买地毯就是一种减少失调感的购买行为，因为地毯价格较贵又为偶尔购买并且属于表现自我的产品。个体消费者可能发现在同一价位，不同品牌的地毯没有什么区别。但在购买之后，顾客可能发现该品牌的产品存在某些缺陷，或是听到其他品牌的产品具有更多优点而产生失调感。购买者为了减少购买后的失调感，总是力求了解更多的信息，以证明其购买决定是正确、合理的。

3. 习惯性购买行为

习惯性购买行为发生在产品价格低廉、经常购买、品牌差异小的购买行为中，例如食盐、酱油等。在习惯性购买中，个体消费者只是去商店找一个品牌，即使其经常购买某个品牌也只是习惯而已，并不是因为其品牌忠诚，也不评价购买后行为。

在习惯性购买行为中，个体消费者购买行为并未经过信任—态度—行为的正常顺序。顾客并不仔细地收集与该品牌相关的信息，也不评价该品牌产品，也不仔细考虑购买决定。顾客只是被动地接受电视广告和报纸杂志所传递的信息。重复的广告最终使顾客产生品牌熟悉度而不是品牌说服力。此时，人们不对某种品牌形成强烈的看法，人们选择某个品牌，只是因为熟悉它。

习惯性购买行为属于低度介入购买行为，购买者不一定钟情于哪个特定的品牌，因此营销人员可以利用价格优惠、电视广告和促销等手段刺激产品的销售。

4. 寻求多样化购买行为

寻求多样化购买行为的重要特征是品牌之间差异显著并且属于低度介入。尽管有些产品品牌差异明显，但个体消费者并不愿花长时间来选择和评估。例如，购买饼干时，个体消费者可能出于某种信任，选了一种饼干而不进行评估，但在消费的时候开始进行评估。在其第二次购买时，很有可能因为由于想调换一下口味而买其他品牌的产品。品牌的变化往往是因为同类产品众多，而不是因为不满意。

（四）个体消费者购买决策过程

在复杂的购买过程中，消费者的购买决策过程一般经历以下五个阶段：

确认需要→信息搜集→备选方案评价→购买决定→购买行为。但对于低度介入的购买行为，如顾客购买一袋食盐，则大可不必依次经历上述五个阶段，可由确认需要直接进入购买决策。

（五）个体消费者购买行为的影响因素

1. 文化因素的影响

文化是人类欲望与行为最基本的决定因素，对消费者的行为具有最广泛和最深远的影响。在社会中成长的任何一个人都会通过其家庭和其他机构的社会化过程形成一系列基本的价值、知觉、偏好和行为的整体观念，即形成个体的文化价值观。例如在中国，我们生活在一个有着五千年文明古国称号的国家里，这使我们在主体上形成了中华民族尊老崇古、诚信知本以及求是务实等价值观。

当然，不同的群体和社会其文化是不一样的，个体形成的文化价值观也是不一样的，文化对消费者购买行为的影响也不一样。因此，了解文化因素对消费者购买行为的影响对营销活动至关重要。

影响消费者购买行为的文化因素有：

一是文化的区域、民族和宗教特征；二是文化的遗传特征；三是文化的间接影响特征；四是文化的动态特征。

2. 人口环境与社会地位的影响

人口环境反映的是一个地区或国家人口规模、分布和结构等方面的特征。人口规模指的是人口的数量，人口分布指的是人口的地理分布，人口结构反映人口在年龄、收入、教育和职业方面的情况。

人口规模与分布是影响消费者购买行为的重要因素，例如中国目前的 GDP 已跃居世界第二，无疑是世界经济强国，而人均 GDP 则排在第 59 位左右，就是因为我国是一个人口大国，人口因素严重地影响了消费者的购买力及其购买行为。再如，我国北京、上海等大城市，人口的不均衡分布造成的超高房价，严重地影响了消费者的购买行为，人们只能望楼兴叹。

人口结构也是影响消费者购买行为的一个因素，如老龄化人口对保健品市场情有独钟，形成特殊的消费市场。同时，在一个社会中，人口结构的差异还会形成不同的社会阶层，主要是由于人们在经济条件、受教育程度、职业类型以及社交范围等方面的差异而形成了不同社会群体，并因其社会地位的不同而形成明显的等级差别。

3. 家庭及参照群体的影响

家庭是社会的基本单位，也是最典型的消费单位。家庭对购买行为的影响主要取决于家庭的规模、家庭的性质（家庭生命周期）以及家庭的购买决策方式等几个方面。

家庭规模大小直接影响消费者的购买行为，家庭规模不同，其购买行为也有差异。例如单身女孩注重个性消费；夫妻家庭注重生活品质消费。

而家庭的性质对购买行为的影响就更大了。所谓家庭的性质也即家庭的生命周期，即从结婚成家、生儿育女、儿女成人自立门户、夫妻退休、丧偶等一系列过程。显然，处于家庭生命周期的不同阶段，消费者的购买行为是不一样的。例如，没有孩子的年轻夫妇与结婚并拥有年幼孩子的家庭相比，前者对服饰、度假等的支出显然要多，而后者支出中婴儿食品、玩具及保健食品等会占据主要的位置。

家庭的决策方式同样会影响消费者的购买行为，比如是分散决策还是集中决策，是丈夫决策还是妻子决策等。对于营销人员来说，关键是要弄清不同的产品，家庭决策的方式如何，家庭成员中谁占据主导地位以及影响家庭决策方式的因素是什么。

参照群体是指能够极大地影响个人行为的个人或群体。例如，年轻一族总是追随明星时尚。显然，参照群体对消费者的购买行为将产生引导作用。

4.个体心理特征的影响

除了以上所述的因素外，影响消费者购买行为的因素还有个体心理特征。心理是人的大脑对于外界刺激的反应方式与反应过程。消费者的购买行为模式在很大程度上就是建立在其对外界刺激的心理反应基础之上的。心理活动是人类特有的高级活动，也是世界上最复杂的活动之一，因此，受个体心理特征影响的消费者购买行为也就变得十分复杂了。影响购买行为的心理特征主要包括：动机、知觉、学习、信任和态度等。

二、团体购买行为分析

（一）团体消费者市场

团体消费者市场是由各种组织机构形成的对企业产品需求的总和，主要包括产业市场、中间商市场和公共产品市场。

产业市场又称工业品市场或生产资料市场，它是市场的一个组成部分。在产业市场中，团体或个人购买产品和劳务的目的是用来生产其他产品，以供出售、出租或供给他人。

中间商市场是指通过购买产品并将其出售或出租给他人以获取利润的个人或组织的集合。中间商市场是商品从生产者向消费者实现转移的重要平台，例如，中国出现的义乌小商品市场是典型的批发市场，而大型超市就是典型的零售商市场。对于市场上的营销人员来说，中间商市场对其产品的销售至关重要。

公共产品市场就是为执行公共职能而进行购买产品的相关团体的市场，主要是指政府的各级机构。政府的主要职责就是为社会提供公共产品，例如，政府为了保障国民的安全就需要巩固国防；为了让国民拥有畅通的交通系统就需要修筑高速公路。但政府本身并不生产这些国防及相关产品，因此就形成了政府与产业市场的供求关系。并且，政府为了维持一个国家正常秩序开展日常政务，显然这也是一个非常大的市场，确切地讲，公共产品市场占到了市场份额的 20%~30%。

团体消费者市场的特征有：一是购买次数少、购买量大；二是派生性需求；三是多人决策；四是直接购买；五是专业性购买。

（二）团体消费者购买决策的参与者

团体消费者购买是由多人所组成的决策团体进行的，这个购买决策团体的大小视购买情况的复杂程度而不同。对于常规购买，购买决策小组可能就只有一两个人；而对于复杂的购买，购买决策小组可能多达 20 人，甚至上百人，并且来自组织的不同层次和部门。一个关于集团购买的研究显示，典型的集团购买包括来自三个管理层的十来个人，代表多个不同部门。所以，团体购买决策参与者有使用者、影响者、采购者、决策者、信息控制者。

对于团体消费者市场上的营销人员来说，团体消费者购买决策的参与者的规模及人员构成无疑增加了推销的难度，因为营销人员必须了解谁参加决策，每个参加者的相对影响作用以及评价的标准，等等。

（三）团体消费者购买类型

在团体消费者市场中，团体消费者的购买类型主要有三种：新购、直接重购和调整后重购。

新购是指组织第一次购买某种产品，当然也是最复杂的购买行为。由于关于产品和供应商的信息是有限的，因此新购的风险非常大。

直接重购是指组织的采购部门根据以往的采购经验，从供应商名单中选择供货企业，并直接重新订购过去采购过的同类商品，属于惯例化决策。

调整后重购是指购买者为了更好地完成采购任务，适当改变采购标准，如价格、性能或供应商。调整后重购要比直接重购复杂得多，参与购买决策的人数也较多。这种购买情况给未列入供应商名单中的供应商提供了市场机会，同时也给原供应商造成了威胁。

在以上三种团体购买类型中，直接重购最不需要决策，而新购则需要精心决策。在新购情况下，团体购买者通常要对产品的规格、价格幅度、供应商、订货量、付款条件、供货方式以及售后服务等做出决策。而在众多决策因素中，其重要程度又将视情况而定，对于同样的决策因素，不同的决策参加者做出的决策也是不一样的，这使得新购更加复杂。

（四）团体消费者购买过程

与个体消费者的购买相比，团体消费者的购买将经历一个更加复杂的、科学的、系统的购买过程，也要进行信息收集、信息分析、选择以及购买后的评估，但人为因素和组织因素的交互作用，使团体购买过程更为复杂。

（1）确认需要。当组织成员认识到购买某种产品能够解决某一问题或是满足某一需要时，购买过程就开始了。

（2）确定所需产品的性能与数量。确认了需要以后，团体购买者就必须确定各种产品的全面特性和数量，这个过程对于一些比较复杂的产品更为重要。团体购买者将根据自身的需要综合分析产品的功能、可靠性、耐用程度、价格以及其他必备的属性，并将其按重要性加以先后排序。

（3）决定产品的规格。在这一阶段，团体购买者将对欲购产品进行价值分析，明确提出所采购产品的各项性能指标，并尽可能地用数量指标，确保指标的操作性，然后写出文字精练的技术说明书，作为采购人员取舍的标准。

（4）寻找供应商。指团体购买者根据所设定的标准寻找最佳供应商。如果现有供应商能够完成工作，采购部门总是将其作为首选。这一方法有一些优点，如现有供应商比较熟悉，采购部门对他们的执行能力和经验有一个实际的看法。现存的关系意味着双方有更好的相互理解，两个组织中人员有良好的工作关系，并理解对方受到的制约。

（5）分析供应商提出的购买建议。在这一阶段，团体购买者将邀请合格的供应商提交建议书。根据采购的要求对建议书进行检查和比较，选出合格的供应商。

（6）评价和选择供应商。团体购买者根据合格的供应商所提交的建议书，全面检查比较他们的产品质量、价格、交货时间、技术服务等方面的情况，选择最有吸引力的供应商。

（7）签订采购订单。指团体购买者根据所购产品的技术说明书、需要量、交货时间、退货条件、担保书等内容与供应商签订最后的订单。

（8）检查合同履行情况。这是购买决策的最后一个环节，团体购买者在购货并实际使用后，采购部门将使用部门以及相关部门对产品的使用意见收集起来，进行全面评价，并以此作为下次购买决策的依据。

（五）团体消费者购买行为的影响因素

团体消费者的购买行为同样受到很多因素的影响。很多集团营销人员认为，团体购买者(采购中心)喜欢能提供低价格的好产品和好服务的供应商。事实上，团体购买者实质上也是由人组成的，个人因素同样起作用，他们不是冷漠的，也不是光会精打细算的，更不是无私的，因此他们的反应也包括理智和感情。如果供应商提供的产品实质上都完全一样时，团体购买者就没有多大理性选择的根据了，既然每一个供应商都可以满足组织的需要，团体购买者就可能在决策中多考虑一些个人因素。相反，如果供应商提供的产品差别很大，团体购买者就会多考虑经济因素。总的来说，影响团体消费者购买行为的因素包括环境因素、组织因素、人际因素和个人因素。

三、消费购买行为分析——影响消费者使用移动支付购买茶叶的因素分析

通过大量研究分析，发现影响消费者移动支付购买茶叶意愿的因素有很多，包括购买渠道、物流方式以及安全性等。分析这些因素，有利于提升茶叶产品的吸引力，促进消费者移动支付，提升茶叶销售量。

（一）影响消费者使用移动支付购买茶叶的因素分析

1.购茶渠道和移动平台对移动购茶支付意愿的影响

茶叶的销售场所以市场、零售店以及各种高档会所为主，只有极少部分是茶农自身经营的店铺。随着现代移动支付的普及，人们更喜欢利用非现金方式进行付款，这样做既免去了看管现金的麻烦，又使支付变得方便快捷。随着越来越多的人使用移动支付去购买茶叶，各高档会所以及零售店都开设了移动支付的渠道。

在网上利用移动支付进行购物，可以免去逛大型商场所耗费的时间和精力。人们通过在淘宝商城以及京东商城上进行茶叶的购买，利用移动支付手段完成交易过程，使整个交易变得更加人性化与安全化。由于人们想要利用网络减少资金的支出，多半会选择以团购的方式购买茶叶。通过团购，消费者在一定程度上获得了价格的优惠，但是质量往往无法得到保证。以第三方电子商务为交易平台可以解决上述问题，商家通过在店铺内摆放各种需要售卖的茶叶图片，让消费者完成挑选、询问以及下订单的过程。由于现代网络的普及，买家和卖家多半会通过网络的方式进行交易，而其中涉及的物流保险以及各种保障系统也相对完善。在突破了传统店面交易的局限性的同时，网络交易可以免去柜台摆放以及租赁营业场所所使用的费用，使卖家大大降低了成本。通过网络方便信息交流与沟通，买家利用网络进行多项选择，有效地促进了交易的完成。

有些专业售茶的网站以及品牌型网站会推出一系列茶叶团购优惠，买家在对不同茶叶精心挑选的过程中，会选择销售量数目较大、信誉度较高的卖家，比较知名的品牌有易福堂、中国宏泰、尚客茶品等。由于人们比较喜欢利用网络进行茶叶的购买，因此使用移动支付的渠道也变得更为广泛、方便、快捷。以易福堂为例，在淘宝网站上有近百万的用户群体，随着质量的保证以及不断上升的口碑，它的交易额呈不断上升趋势。同时，尚客茶品的客户积累量，也在仅仅一年时间内就拥有了巨大的消费群体。人们在感到诧异的同时，也不得不钦佩其茶品的质量以及营销手段。浏览众多茶叶销售网站，网友们可以发现，在品牌效应的前提下，网站售卖的茶叶产品质量更能得到保证，而在淘宝上注册了销售品牌茶叶的小型店铺，则难以在短时间内获得大量的购买客户。由此可见，只有让茶叶销售拥有品牌效应，才能保证商家获得预期的销售额。

人们在关注茶叶是否为正品的同时，更渴望了解在进行移动支付时，资金是否能够得到保障。

2. 物流方式对移动购茶支付意愿的影响

物流行业的兴起，使得网络销售平台有更大的发展空间。消费者在完成移动支付的过程以后，渴望在最短时间内收到购买的产品，因此，快递的速度将是决定店铺是否有更多消费人群的重要原因，也在一定程度上影响了消费者的支付意愿以及满意程度。

通过网络调查发现，消费者在进行移动支付之前，多半会询问使用的快递类型，对于送货较快的商家会更快地完成移动支付的过程。商家要在最短时间内为消费者提供茶叶产品，还需要保证茶叶的质量以及产品包装不被损坏，并采取包邮的方式，以获得更多的购物客户。

为了拥有更多的消费群体，商家在进行物流配送的过程中会提供一定的保险业务和货物理赔办法，对于在运输过程中的质量，商家会全程予以保障。茶叶网站商家为了能够尽可能以最快的速度将茶叶产品发放到各个快递网点，需要在第一时间内与物流公司核对送货信息，并利用陆运、空运等多种方式完成快递的传输任务。为了不出现暴力运输以及客户拒签货单的现象，针对以下问题，商家需要承担一部分责任：一是送货效率低、时间较长，无法满足消费者预期的时间要求；二是货物在拆开包装以后出现质量损坏以及包装损坏的情况；三是物流信息更新为已被签收，但买家并没有收到货物。

消费者利用网络进行移动支付，其主要原因还是想要减少资金的支出，因此，以消费者角度为出发点，商家需要尽可能地降低茶叶的价格，以保证满足客户节省挑选时间以及减少资金支出的心理。对于可能出现的疑虑，商家要在第一时间为消费者提供解答，尽可能地减少茶叶产品的退换次数，也为了保证满足消费者对质量的需求，商家在进行茶叶商品销售的同时，要自行承担一部分运费险，为买家提供保障。为了避免消费者出现支付运费的担忧，也为了有效地刺激消费者在网上进行移动支付，买卖双方都会在最短时间内完成货物的审核以及信息交流过程，让双方获得利益共赢，完成移动支付的过程。

3. 支付方式和安全性对移动支付购茶意愿的影响

由于淘宝与支付宝相绑定，人们在进行茶叶商品挑选以后，多半会利用支付宝完成移动支付。为了尽可能地促成交易的完成，第三方平台会不断地提醒网络商家，设置一个公平的交易方式以及安全的交易平台来完成整个交易过程。商家为了尽可能地吸引客户，会设计出较为新颖的网站页面，并尽可能地展现与茶叶有关的介绍，以满足消费者挑选茶叶品种及进行质量比对的需求。研究表明，服务态度良好且质量有保证的商家会获得更多的消费群体。

（二）茶叶网店设计界面

消费者在进行网络购物的同时，会对不同的网店进行浏览，第一印象是决定购物的关键。由此可见，茶叶网站的图片选取十分重要，在尽可能为消费者提供清晰的茶叶类别的同时，还应满足消费者的多项选择需求。网络商家为了保证可以对不同的茶叶产品进行介绍，在进行页面设计的同时要考虑到茶叶的功效，针对不同的茶叶类型做详细的说明。在网络购物的人群中，年轻人占较大比例，因此，网站页面的设计要吸引年轻人的眼球。不同页面的功能要设置明确，内容的介绍要简练，具有一定设计风格的页面更能吸引消费者点击浏览。为了确保增强消费者的购买欲望以及购买冲动，茶叶网站的页面设计要合理地使用各种色彩的搭配，在精美奢华的同时，有更多的对比性与可操作性，以满足消费者的需求。

（三）茶叶网店提供的产品信息

新颖的页面设计可以在第一时间吸引消费者进行浏览。同时，对不同的茶叶产品进行信息说明，可以让消费者在最短时间内获取与茶叶有关的产品信息。调查表明，消费者对于茶叶的产品质量要求较为严格，只有看到相关部门出示的正规农残检测报告，才能完成商品的移动支付过程。有些公司有大量固定的消费人群，在不能保证"眼见为实"的前提下，只能利用多媒体图片或者相关文字信息描述的方式，完成对茶叶产品的介绍过程，或通过以往购买人群的评论，让新用户放心地购买茶叶产品。

（四）促进移动支付的方法

1. 改进服务和产品质量，诚信经营

首先，完善商家页面设计质量，使整体的操作更加简单、方便。消费者在进行茶叶产品选取的过程中，会对色彩搭配合理的网页页面感兴趣。在满足消费者观赏需求的同时，网站的页面需要有多种功能，以吸引不同类型的消费人群。由于各企业的白领以及事业单位员工会更多地选择购买茶叶，因此网站的页面设计要满足高雅、大方的设计网格。为了确保消费者在点击进入的同时能够增强支付意愿，网页的功能要较为全面，介绍内容也需要更加详细。

其次，以诚信经营为主，以高品质、高质量取胜。商家在为顾客提供产品的同时，需要保证产品的质量，通过消费者的良好口碑，建立固定的消费人群，并完成茶叶产品的宣传过程。

最后，以高质量的服务以及快速的物流满足消费者的购买欲望。消费者在完成移动支付过程之前，会对选择的商品进行详细询问，商家需要保证客服能够耐心地进行解答，并以专业的角度和友好的态度完成交流过程。为了提高消费者的满意程度和支付意愿，商家在严把质量关的同时，要与物流公司签订完整的协议。物流公司在接到配送任务以后，需要以最快的速度将产品发放到消费者手中，只有在保证不发生产品质量以及包装产生损坏的前提下，才能获得消费者的好评，也才能在最短时间内完成移动支付的过程。

2. 政府层面

关于现代电子商务的众多法律法规，显示出各级政府以及有关部门已经对可能出现的网络市场问题采取了很多监管办法。随着众多网络购物纠纷的出现，网络维权条款也需要不断完善，以利于解决消费者的维权问题。通过实行相对完整且全面的网络监管条例，可以有效解决人们在进行移动支付过程中出现的网络安全问题，让消费者能够放心地进行网络购物。

有些消费者由于不相信网络信息的安全性，因此不愿意进行移动支付。我国正式颁布的《中华人民共和国电子签名法》，让网络交易受到法律的监管，促使人们更加相信在网络上消费也能够享受应有的权益保护。消费者通过正当

的网络支付途径完成移动支付的过程，可以避免出现网络购物纠纷，也可以最大限度地增加茶叶产品在网络上的销售量。

笔者对影响消费者购买茶叶的因素进行了分析，希望通过本文的研究能够为相关的茶叶销售商提供一些建议和参考使其获得更多的经济效益，同时促进我国茶叶贸易交易方式的改革与创新。

第三章　工商管理学概述

第一节　工商管理学科基本概念

一、管理概念

为了明确工商管理学科的概念，首先要从管理的定义说起。对于什么是管理，有很多种定义。过程学派认为，管理是指通过计划、组织、控制、领导等职能活动，优化配置及充分运用一个组织所拥有的人力、物力、财力、知识力，使之发挥最大效果，以达到组织目标的过程。决策理论学派认为管理就是决策。基于这样的认识与研究，赫伯特·西蒙 (Herbert Simon) 在有限理性决策等方面的研究使其获得了诺贝尔经济学奖。有的学派认为管理就是设计一种良好环境和使人在群体里高效率地完成既定目标的过程。也有的学派认为，管理就是领导。不论怎样定义，管理的实质是提高组织的协作水平与运作效率的一个过程。

由于在管理主体、管理对象及管理职能上的不同，管理有许多不同种类。例如，在政府活动中有行政管理、税收管理、财政管理等；在工商企业活动中有战略管理、人力资源管理、生产管理等。所谓工商管理，其实就是对企业所能支配和影响的资源进行整合，提高其协作水平和运作效率，以求达到企业目标的过程。

二、工商管理学科定义

工商管理学科是关于工商管理活动的诸多学科的总结，是研究按照一定的结构而形成的管理科学分支学科。从人才培养的角度，关于这一学科，国际上有很多种定义。

定义之一：(Prepares individuals to plan, organize, and direct the operations of a firm or organization.Includes instruction in management theory, human resources management and behavior, accounting and other quantitative methods, purchasing and logistics, marketing, and business decision-making.) 使个人具备企业或组织的计划、组织和运行指导的能力。其包括管理理论、人力资源管理和行为、财务与其他量化手段、采购与后勤、市场营销和企业决策的知识传授。

定义之二：(An instructional program that generally prepares individuals to plan, organize, direct, and control the functions and processes of a firm or organization. Includes instruction in management theory, human resources management and behavior, accounting and other quantitative methods, purchasing and logistics, organization and production, marketing, and business decision-making.) 教学计划一般要使个人具备计划、组织、指导和控制与运作企业的能力，其包括管理理论、人力资源管理和行为、财务与其他量化手段、采购与后勤、组织与生产、市场营销与企业决策的课程教学。

定义之三：(Business Administration and Management, general. A summary of groups of instructional programs that prepare individuals to perform managerial, research, and technical support functions related to the commercial and/or non-profit production, buying, and selling of goods and services.)

一般指企业管理与经营的总称，又指一组教学计划的总结，其使个人具备与商业和（或）非营利生产、购买或出售商品和服务等有关的管理、研究与技术支持的能力。

上述论述对定义工商管理学科有很重要的参考价值。它们的共同特征如下。

一是都强调了工商管理是为一定的工商企业或实体服务的，而且这样的组织一般都是营利性组织。

二是都明确了工商管理是管理的一部分。事实上，作为科学的管理学，其发展历史上最初的成就主要来自工商管理这一部分。

三是都描述了工商管理所包含的活动内容，如人力资源管理、会计、生产、营销、管理决策、财务等。

经过综合分析，"工商管理"学科的定义不能过窄，也不能过宽。过窄，可能会导致学科间的交叉和融合不畅；过宽，学科的发展会找不到重点。所以，对其定义应该从学科自身的发展规律和发展方向的角度考虑。因此，可以将"工商管理"定义为"营利组织的管理"。营利组织（企业）的经营活动规律和工商企业管理理论与实践是工商管理学科研究的内容。公共管理学与工商管理学相对应，但两者仍有区分。公共管理学研究的对象是非营利组织，而工商管理学研究的对象正好与之相反。

从我国学科发展现状来看，这样定义是比较切合学科发展实际的，工商管理学科已经有了长足的发展，虽然其水平与世界一流水平还有很大差距，但是我国已经奋起直追了；而非营利组织（公共管理）才刚刚起步，而且变得越来越重要，将成为 GDP（国内生产总值）增长的主要来源，并将吸收更多的就业人口，所以有必要把对这些组织的管理作为管理未来发展的另一个重要分支。另外，营利组织和非营利组织在管理对象方面有很大不同，即使它们在管理操作上有很多共通之处。它们的经营目标是不一样的。工商管理主要是以赚钱为目的，但为了促进社会的稳定，为了满足政治需要，还需要发展一些非营利组织。工商企业的产出可以用定量的方式来具体描述，但公共领域中的产出却无法用定量的形式表现出来。因此，人们不太容易衡量公共事业的发展状况。具体地说，营利组织中的财务管理（financial management）要强调如何运作资金，使其更好地发挥作用，带来经济的或非经济的效果；而非营利组织的财务管理要注重保持财务上的平衡，以及吸引捐助。因此，明确这两个学科的界限，对于两个学科的发展，都是有好处的。

第二节 工商管理学科基本特点

工商管理学科是一门以社会微观经济组织为研究对象，系统地研究其管理活动及决策的一般方法和普遍规律的科学。由于工商管理学科的研究对象是由人组成的兼具自然属性与社会属性的社会微观经济组织，故工商管理学科各领域的研究同时具有人文属性与社会属性。从学科基础、研究方法和研究内容来看，工商管理学科是以经济学和行为科学等为理论基础，以统计学、运筹学等数理分析方法和案例研究方法为分析手段，以工商企业的公司治理、生产运营、物流配送、组织行为与人力资源、财务与会计、市场调研与销售、管理信息系统与互联网技术应用、技术创新与管理、战略管理、服务管理等职能管理为主要研究领域，探讨和研究工商企业内部产品或服务设计、采购、生产、运营、投资、理财、销售、战略发展等管理决策的形成过程、特征和相互关系，以及工商企业作为一个整体与外部环境之间的相互关系，并从中归纳和总结出旨在提高工商企业经营管理效率和社会效益的管理原则、管理规律及管理方法和技术的一门科学。因此，对工商管理学科的特点，总结如下。

一、综合性

工商管理学是一门综合性的学科，工商管理活动包括的范围非常广，涉及的知识面也非常宽。为了适应动态变化的外部环境，提高工商企业经营过程的效率和效果，需要解决十分复杂的问题。工商管理学研究内容的复杂性决定了它既涉及普通心理学、生物学、生理学等不具有阶级性的自然科学，又涉及社会学、社会心理学、政治学等具有明显阶级性的社会科学，它正是在这些自然科学和社会科学相互交叉渗透的基础上发展起来的。这也要求从事管理的实践工作者要以广博的知识作为基础。

二、实践性

工商管理学是一门实践性很强的学科，相对心理学、人类学等学科来说，工商管理学属于应用性学科。理论来自实践，又对实践起着指导作用。工商管理学是从人类长期的实践中总结而成的，可以用来指导人们的管理工作。这与其他学科相同，但相比之下，它的实践性更强。环境因素和人的因素总是在不断变化，组织的管理模式也不可能一成不变。学习工商管理这门课程并根据实际情况在实践中不断运用所学知识，才能不断增长才干和积累经验。

三、不精确性

工商管理学是一门不精确的学科。数学、物理学等学科，根据规律和所给定的初始条件就可以得出问题的解，是一种精确的科学。而工商管理学则不同，它具有不精确性。一是在工商管理工作中，遇到的因素、要解决的问题，除了资源、时间等可以精确地用数来表示外，有许多因素是不能用数来表示的，即无法精确地度量。现实中有些因素尽管不能度量，但可以按一定的规则来量化。例如，歌手大奖赛，裁判员或评委可以通过对歌手的气质、发声技巧、表演能力等进行打分来分出高低。这些因素被称作可量化因素。但是管理工作中所遇到的一些环境因素及变化，如人的思想情绪、心理变化等都是无法量化的。二是所从事的工商管理工作中有许多因素之间存在明确的关系，可以用函数关系来表示，而更多的关系是无法用函数关系来表示的，有的甚至演绎推理也无法将其表示清楚，例如，一个组织中，全体员工在总经理的领导下工作效率不高，而换了一个总经理后工作效率就明显提高了，那么领导方式和所达到的效果之间就不存在一种明确的函数关系。

四、软科学性

工商管理学是一门软科学，如同计算机中有硬件、软件一样，一个组织里的人、财、物等有形的资源就是硬件，管理则为软件，管理学则为软科学。在组织里，工商管理学除了要运用其他学科的知识作用于无生命的物上，更重要的是要充分发挥组织中最重要的资源——人力资源的作用，通过管理，充分调动组织成员的积极性，更好地利用各种资源，获得经济效益和社会效益。

第三节　工商管理学科结构体系

一、工商管理学科划分

国际精英商学院协会 (the Association to Advance Collegiate School of Business, AACSB) 在研究商学院的师资供求时，将商学院的教授归属为 14 个学科，它们是会计 (accounting)、战略 (corporate strategy/business policy/business and society)、经济学 (economics)、财务 (finance)、人力资源管理 (human resource management)、保险 (insurance)、国际经营 (international business)、组织行为 (management/organization behavior)、营销 (marketing)、信息管理 (Management Information Systems/Computer Information Systems, MIS/CIS)、运作管理 (operations management/production)、运筹学 (operations research/management science/decision science)、房地产管理 (real estate management) 和其他学科或综合性学科 (other/miscellaneous)。这个分类，除了运筹学以外，将经济学的范围明确到管理经济学，那么大体上就是所说的工商管理学科。在一个对商学院绩效进行的全面研究中，有研究人员将这些学科归为八个学科群，即会计、财务、保险、国际商务和房地产、管理科学、管理、管理信息系统、营销及生产 / 运作管理。他们通过仔细挑选程序，选择了各个学科最顶尖的期刊作为研究各学院学科表现的基础。我们认为，这个划分比较符合工商管理学科实际的发展，特别是各学科都比较独立地形成了自己的学科体系、研究方法、学会和期刊。

二、工商管理期刊目录

美国《金融时报》(financial Times) 列出了工商管理领域的 40 份顶级期刊，从中可以大体看出工商管理学所包含的学科类型。

（1）经济学类。此类期刊中包含三种顶尖级的经济学类期刊。排名第一

的是美国经济学会主办的《美国经济评论》（The American Economic Review,
AER）。该刊是最负盛名的综合类经济学期刊，主要发表观点创新、浅显易懂
的论文，每年的 6 月刊都将刊载当年诺贝尔经济学奖获得者的演讲，这也成为
其具有绝对权威性的一个标志。紧跟其后的是计量经济学会主办的《经济计量
学》，其主要发表数学性更强的论文。排名第三的《政治经济学》由芝加哥大
学主办，是一份有着百年历史的经济类双月刊，20 世纪 80 年代以前，它一直
是经济学期刊的"老大"。

（2）金融学类。财务学术期刊《金融杂志》《金融经济学》和《金融研究评论》
是上百种财务学类国际期刊中最权威的三种期刊。

（3）会计学类。会计学术界普遍认可的三大顶级期刊《会计研究》、《会
计评论》和《会计与经济学》都列于其中。

（4）商业经营类。前身为《美国小企业期刊》（1975 年创刊）的《创业：
理论与实践》《商业道德规》《商业风险》《国际工商研究期刊》，属于商业
经营管理类期刊。

（5）市场营销类。此类期刊包括《市场研究期刊》和《顾客研究期刊》。

（6）组织行为学类。《组织科学》《组织行为与决策过程》《小型企业
管理期刊》是与组织行为学直接相关的代表性期刊。

（7）应用心理学类。《应用心理学》是与组织行为学相关的最具代表性
的心理学类期刊。

（8）人力资源管理类。《人力资源管理》《国际人力资源管理杂志》是
与组织行为学相关的人力资源管理类期刊。

（9）管理信息系统类。《管理信息系统季刊》《信息系统研究》都列于
信息管理和信息系统学科排名前 19 位代表期刊中。

（10）管理科学（狭义）类。《运筹学管理期刊》《管理科学》《运筹学研究》
及《美国统计学会期刊》都属于管理科学（狭义）学科。

（11）战略管理类。《战略管理期刊》和《长期规划》是战略管理学科的
重要期刊。

（12）综合性管理类。此类期刊可以细分为理论综合性管理类期刊和实证综合性管理类期刊。其中，理论综合性管理类包括《美国管理学会期刊》《美国管理学会评论》《行政管理季刊》《管理国际评论》；实证综合性管理类期刊包括《管理执行学报》《哈佛商业评论》《加利福尼亚管理评论》《斯隆管理评论》。

三、工商管理学科结构体系的构成

结合国内外各方面的研究成果和实践，综合考虑国际上的一般发展规律和我国的具体情况，我们将工商管理学科结构体系分成四个类别的多个子学科。

（1）职能管理领域（学科）

职能管理领域可以说是工商管理学科中发展得较为成熟的领域，一般工商企业中都由这些相关领域的专门部门来负责相关的工作。在企业中，财务管理、人力资源管理、营销管理、会计、运作管理、信息管理等都属于职能管理领域。该领域中的各种专业内容都是院校在培养工商管理硕士和进行在职培训时的必备课程，都需要学生进行综合学习。以会计学为例，它的发展以 1955 年为分界点。在 1955 年以前，会计学发展长期停滞在借贷平衡及会计准则的运用的阶段，财务金融学的发展长期停滞在办理银行手续的阶段。到了 1955 年，MM理论的出现打破了这一现状。默顿·米勒（Merton Miller）和弗兰科·莫迪格利安尼（Franco Modigliani）共同发表了 MM 理论"革命性地改变了公司理财的理论及实践，将公司理财从一个松散的工作程序及规则，改变为股东寻求最大股本价值的精细巧妙的法则"。职能管理领域学科中的知识都能直接应用到实践中。工商企业非常重视这些职能管理领域的内容，同时职能管理领域中的研究也都较为成熟，有属于自身严格的逻辑框架。另外，它们的运作也非常成熟。运作管理的前身是生产与运作管理（Operation and Production Management），随着经济的发展，运作管理涉及的工作内容大大扩张，因而运作管理的覆盖面也逐渐扩大，成为企业重视的一个专门领域。

除此之外，人力资源管理部门也是企业的重点部门。当前，人力资源管理的理论已经愈发成熟，获得了更多属于自己学科的知识成果。可以说，人力资源管理与企业命运息息相关。人力资源管理的理论来源很多，如薪酬管理，就脱胎于经济学和金融财务学；再比如工作分析，就来自人机工程学的理论。但是对于国际一流商学院来说，人力资源管理更多地面向实践活动。因此，这些商学院很少会培养人力资源管理博士。

（2）基础管理领域（学科）

基础管理领域（学科），包括组织行为学和管理经济学。组织行为学发端于心理学，具备自己的独特方法与思维习惯。管理经济学是微观经济学在工商企业中的应用，其核心内容仍为经济学范畴，但因其与工商企业紧密相关，故仍列于此。虽然组织行为学的成熟稍逊于管理经济学，然而这两个学科依然是被承认的"科学"。但是，工商企业中却没有这样的负责部门，因为它们是基础性的工作，每一个管理者甚至具体工作人员在工作中都要经常碰到这样的问题。

（3）综合性领域（学科）

综合性领域即战略管理。库恩在1962年发表其"范式"学说之后的热烈讨论，催生了战略作为一个新学科的出现，学者们开始第一次定义了关于战略研究独特的范式。尽管实证方法的有效性受到越来越多的怀疑，但是关于这个领域的研究方法却依然没有一致的意见。争论的焦点是战略研究的根本基础到底在于长期的计划、内部竞争优势，还是环境分析。由于这种方法上和理论上的局限性，越来越多的博士培养项目开始用非实证的、非线性的、主观性的方式。虽然战略无比重要，但是工商企业一般没有这样的部门，而是由最高管理者直接进行管理的。哈佛商学院战略方向的博士生培养，不是以哲学博士的名义，而是以工商管理博士的名义进行的。

（4）应用领域

应用领域，包括旅游管理、医疗管理、项目管理、房地产管理、电子商务、国际工商管理、风险管理、创业管理、赛事及休闲管理等。实际上，上面所列举的职能管理领域、基础管理领域和综合性领域的各个学科都属于应用领域。

之所以单独再列出一个应用领域，是因为这些领域严格地讲不能称为"学科"，因为它们所应用的知识内容来自职能学科、基础学科和综合学科，并将这些领域中的知识具体应用到某一特定的领域中。同时，这些领域也是发展较快、最容易受到实践影响的领域。

四、工商管理类学科类目

根据我国教育部最新颁布的全国本科专业分类目录及专业代码，管理学下设工商管理类等九个一级学科，工商管理类下设以下二级学科。

（1）会计学

会计学是在商品生产的条件下，研究如何对再生产过程中的价值活动进行计量、记录和预测，在取得以财务信息（指标）为主的经济信息的基础上，监督、控制价值活动，促使再生产过程不断提高经济效益的一门经济管理学科。它是人们对会计实践活动加以系统化和条理化而形成的一套完整的会计理论和方法体系。本质上，会计是一个经济信息系统，这也是国际会计界较为一致的看法，其主要特征是将工商企业经济活动的各种数据转化为货币化的会计信息（价值信息）。

（2）财务管理

财务管理是在一定的整体目标下，对资产的购置（投资）、资本的融通（筹资）和经营中的现金流量（营运资金）以及利润分配进行的管理。财务管理是工商企业管理的一个组成部分，它是根据财经法规制度，按照财务管理的原则组织工商企业财务活动，处理财务关系的一项经济管理工作。简单地说，财务管理是组织工商企业财务活动、处理财务关系的一项经济管理工作。

（3）市场营销

市场营销，又称为市场学、市场行销或行销学，简称"营销"，是指个人或集体通过交易其创造的产品或价值，获得所需之物，实现双赢或多赢的过程。它包含两种含义：一种是动词理解，是指工商企业的具体活动或行为，这时称之为市场营销或市场经营；另一种是名词理解，是指研究工商企业的市场营销活动或行为的学科，这时称之为市场营销学、营销学或市场学等。

（4）国际商务

国际商务是超越了国界产生的围绕工商企业经营的事务性活动，主要是指工商企业从事国际贸易和国际投资过程中产生的跨国经营活动。国际贸易包括货物、服务和知识产权交易；国际投资，主要是指国际直接投资，包括独资、合资和合作经营。

（5）人力资源管理

人力资源管理实际上是存在内在联系的一系列实践性活动。这些活动包括环境的预判和分析、人力资源需求计划的制订、组织所需的人员配置、员工的绩效评估、员工薪酬计划、工作环境的改善、人员的培训和开发以及建立有效的劳动关系等多个方面。相应地，人力资源管理大体上包括与这些实践活动相对应的各个领域。

（6）审计学

审计学，是研究审计产生和发展规律的学科，是对审计实践活动在理论上概括、反映和科学总结，并用来指导审计实践活动，促进经济发展。它不仅具有很强的理论性，而且还具有实践性和技术性。其理论性主要表现为审计学探讨和研究审计活动规律及其应用，对审计实践进行了高度概括和科学总结；其实践性主要表现为审计学可以应用于审计实践中，指导审计工作，并有明显的经济和社会效果；其技术性主要表现为审计学吸纳了各种科学成果，为审计活动提供了各种科学技术方法和手段。

（7）资产评估

资产评估，即资产价值形态的评估，是指专门的机构或专门的评估人员遵循法定或公允的标准和程序，运用科学的方法，以货币作为计算权益的统一尺度，对在一定时点上的资产进行评定估算的活动。

（8）物业管理

物业管理，是指受物业所有人的委托，依据物业管理委托合同，对物业的房屋建筑及其设备、市政公用设施、绿化、卫生、交通、治安和环境容貌等管理项目进行维护、修缮和整治，并向物业所有人和使用人提供综合性的有偿服务的一项管理工作。

（9）文化产业管理

文化产业管理，简称文管，属于管理学类专业，设立于 2004 年。文管专业是为适应国家文化产业快速发展而设立的专业，以培养具有广阔的文化视野和现代产业理念及经营技能的综合型文化管理人才为目标。文管专业分普通文科类和艺术类两种，授予管理学或艺术学学位。目前，我国文化产业人才缺乏，文管专业有很大的发展潜力。

第四章　工商管理专业的发展现状与特征

第一节　高职工商管理专业教学背景

在所有专业类别中，工商管理专业是同现代的经济发展最为密切的应用型专业。不过，现在，种种原因使得工商企业管理同企业之间的供求关系出现了一定程度的不协调，且矛盾正在往更深处发展。当下，全球的一体化程度越来越深，随着国与国之间的经济往来日益加深以及我国经济的进一步发展，未来相当长的一段时间内，社会对工商管理专业学生的需求量都会只高不低。现在的中国，正处在建立企业制度和改革宏观体制的至关重要阶段，所以对工商管理专业的高素质人才的需求量极大，与此同时，我国也会大量地需要经济专业的学生。总之，对于工商管理专业的人才，整个社会的需求量都在持续上升。尽管现在企业对人才的需求量很大，可是当真正要找能胜任企业工作岗位的人才时，却往往找不到。尽管高校出于现实的考虑都在大规模开办工商管理专业，并在力所能及地培养该类专业的人才，可是企业依然很难找到满足自身需求的人才。

从就业报告中我们看到，在高校应届生失业率最高的专业里，工商管理专业的失业率位居第五，居高不下的失业率，使得越来越多的学生放弃了工商管理专业。因此也就出现了在整个社会对工商管理专业学生的要求比较高、需求比较强的同时，工商管理专业的学生却在大规模地找不到工作的状况，久而久之，企业与专业之间的供求矛盾更为凸显。

出现该类矛盾的主要原因是高校在培养该专业人才的时候，没有充分地考虑到整个市场的需求（即高校培养出来的工商管理专业的毕业生无法满足社会需求，无法为整个社会提供很好的服务）。换言之，高校所培养出来的人才在质量上无法满足企业的需求，是造成这一矛盾的主要因素。

从我国高校大规模扩招直至现在，高等教育在培养模式上出现了从精英化向大众化转变的趋势，在学校师资力量和学生生源问题上，出现了一些问题。首先，学校的硬件设施无法满足学生的实际需求。其次，学校师资和数量无法满足培养高质量人才的需要，因此，也就无法从学生的质量上予以保障，从而造成现在的高校无法给企业提供高质量人才的局面。

在这一背景下，如果要化解上述矛盾，高校便必须在对市场和社会的需求进行细致的考察和分析的情况下，对教学内容和教育模式进行创新和调整，以便最大限度地提升学生各方面的水平，并满足企业的实际需要。

随着经济的迅速发展，高等教育在我国也得到了迅速的发展，随之而来的是学生的就业困难问题日益加剧。在高校学生日益增多的当下，尽管我国关于扶持高校学生创业和就业的方针政策一再出台，但其补贴资金等实惠内容拿到现实生活中却是杯水车薪。所以，尽管当下各类教育正在蓬勃发展，可是关于学生的就业问题不得不让我们深思。

在各类高等教育相继发展起来的同时，高职院校也有了自己的一席之地。高职院校主要是以大规模实践以及富有针对性地培养技能以及就业率高为主要特色，其与一般大学最大的不同点便在于它对实践和实训以及实践与理论相结合的看重。从高等职业院校毕业出来的学生，其动手能力和实践能力往往较普通高校出来的学生强，且他们自身都具有一定程度的实践经验，无须经过上岗培训便可以很容易地在企业的岗位上适应下来。从中我们可以看到职业教育的优势所在。

第二节　高职工商管理专业的人才培养特征

步入 21 世纪以后，我国整个社会的经济和文化都得到了迅猛的发展，随之而来的是我国的企业得到了迅猛的发展，而发展最迅猛的是中小型的企业。随着大规模的发展，企业需要相当多的拥有一定技能水平和理论知识，且可以应对在日常的管理工作中所出现的各类问题的管理人员。因为企业上述需求的存在，高职工商管理专业学生的就业前景便显得极为广阔，所以，探索企业实际操作中的各类需求，并总结高职院校工商企业管理人才的培养方法和模式，对于学生就业而言，便有着十分深远的意义。

一、专业人才教育规格和目标的设计

（一）对教育目标的具体定位

所谓"教育目标"，即学生在经历了一定程度的培训和教育之后，最终所达到的标准和状态。教育目标有一定的类别、层次和范围界定。在对高职院校培养方法进行研究时，首先要顾及的便是高职院校的教育目标，因为它本身有一定的坐标和导向作用。而如果想要创建科学合理的高职工商企业管理人才教育培养模式，首先要确立的便是同时代需求所相对应的人才教育培养目标。而从诸行业的发展以及自身的经济发展现状来看，我们可以将高职院校工商企业管理教育目标确定为：培养三观正确、德智体美等品质全面发展，对整个社会建设有利，能熟悉整个国家经济的法律、法规以及整个企业最基本的操作过程，有一定程度的英语、计算机使用技巧，能熟练地掌握工商管理专业所必须掌握的理论知识，对工商管理专业所遇到的诸类管理问题能解决并处理好，有优良的敬业精神和职业道德的应用型人才。

（二）培养规格设计

首先，是对知识结构进行设计。所谓知识结构，即各种形式、内容的知识，于学生的认知结构当中的比例与层次的关系。其次，是对整个人才教育质量进行衡量的尺度之一。作为高职院校的学生，首先应当具备的便是专业知识以及理论知识。其中，理论知识是高职学生面对未知环境的基础，而专业知识则是学生在以后的职场生涯里所必须具备的知识结构。从这方面来讲，在设计知识结构时，既要重视专业知识，又要重视基础知识，在对二者的重视程度上要做到适度适中，不可顾此失彼。对于知识结构，高职院校工商企业管理的学生首先要掌握的便是文化知识，在掌握了文化知识的同时，要学习好整个社会市场经济的运营机制和基本理论，要了解与之相关联的经济法律和法规，要具有一定的计算机操作和应用知识以及企业基本运作和从事工商管理工作所必须掌握的基本知识和基本理论，也要具备一定的英语知识水平。

其次，是对能力结构进行设计。所谓能力，是一个人实施具体活动并维持稳定心理状态的保障，是各项知识技能的整合。作为高职院校的学生，其能力主要构成成分是其运用知识、获取知识的能力以及在学习和工作中的创新能力。作为一个高职院校工商管理专业的学生，首先所应当具备的便是社交公关的能力以及同外界的沟通协调能力。除此以外，高职院校的学生还要有相当水平的文字能力，并能借助自身的文字能力来撰写和拟定日常调研报告、企业管理文件等。

最后，是对素质结构进行设计。高职院校的主要工作便是培养能满足社会需要的人才，因此学生在具备一定的综合文化素质之外，还要有一定的职业素质。所谓职业素质，便是学生承担自己岗位职责的能力。高职院校对于工商管理专业的学生的爱岗敬业、诚实守信、团结务实、严谨协作、与时俱进等道德素质也要进行一定的培训。在培训结束后，学校要根据学生的各项成绩，发放职业资格证书。

二、专业课程体系的优化

（一）突出应用性和实践性

在高职院校工商管理专业的教育培养中，课程的实践性和应用性有着无与伦比的重要性，所以，学校在培养学生时，要以职业岗位在现实中所需要的能力和知识结构作为重点，要将满足社会的需求作为最终目的，在对课程进行优化和设置时，要将学生的管理能力作为核心来对待。此外，最重要的是对专业知识的实践能力和应用能力的培养。除了必要的理论课程，学校还要增加实践课程，尤其是那些在专业中所必须具备的技术能力方面的实践课程，要尽可能地增加课时，以增加教学的实效性。最后，实践的课程可以由模拟实训、课程实训、毕业实习、综合实训、职业资格证书等诸多互相递进、互相联系的系统来构成，整个系统要能体现出课程的可操作性、适应性以及实用性。换言之，可以设立能力拓展、模拟实训以及企业经营模拟训练和顶岗实习等操作性强的课程来培养学生的理论知识和操作能力。

（二）学历证书和实习资格证书相衔接

学历证书和实习资格证书相衔接的教育模式可以说是当前职业教育发展和改革的趋势。高职院校的学生在获得相关学历证书之后，再通过努力获得职业资格证书，来作为自己职业能力的有力证明，这对于学生未来就业会有很积极的影响。高职院校工商管理专业的学生有机会取得的证书有营销师证书、人力资源师证书等。

（三）注重培养学生的综合素质

在步入社会之后，高职院校工商管理专业的大部分学生的工作都是同人打交道，所以他们所应当掌握的不仅仅是该专业所必须具备的理论知识和专业知识，还要有相当水平的人文素养。然而现实是，对于高职院校的学生来讲，人文素养培养恰好是工商管理专业教育体系的薄弱之处，所以，学校在对工商管理专业的课程进行设计时，要重视培养学生人文素养的课程，在原有的基础上增加相关课程的数量，从而让学生的人文素养得到进一步加强。

三、教学方法以及教学内容的改革

高职院校工商管理人才培养规格和目标是否能够实现，除了对课程体系的完善之外，教学本身也是十分重要的环节之一。教学的过程所涉及的问题大致有教学手段、教学内容、教学教材以及考核的模式等。

（一）教学内容的改革

对于高职院校来说，教学内容的改革，尤其是核心课程的教学改革是很重要的一个环节，对于学生能否适应未来岗位有着举足轻重的作用。工商企业管理的教学内容的改革，要突出企业管理实践能力以及基础理论应用能力的培养，要将对工作任务的分析和对专业岗位的工作内容作为主要参考依据。具体的改革可以从以下几个方面考虑：首先是将该专业中所涉及岗位的分类、工作内容以及岗位的职责进行分析、调研、总结和归纳，让学生所学到的知识同以后在工作中所需要的实践能力相符合；其次，是与企业的合作，要让专业教学的内容同岗位上的工作全面接轨，其中，理论教学，要包含在岗位中所用到的所有理论知识，而实践教学的内容，则要囊括所有在工作中会用到的技能操作。满足了这两点要求，才可以让学生在毕业前便拥有迅速投入工作的能力、具备工作中所需要的专业素养，让"零距离"教育得以真正地实现。

（二）要综合使用各种教学手段和方法

课堂教学的手段和方法是学校教育学生职业能力中的重要因素，是教学改革所有内容中最重要的内容之一。对高职院校各专业学生的教学要突出一个"活"字（即在使用诸多教学手段和方法时要做到灵活），尽量让学生由以往的被动接受知识变成主动吸收知识，从以往的从属角色变为现在的主体角色。教师在整个教学中，可以根据所教内容的不同，综合运用情景模拟法、案例教学法、管理游戏法、项目教学法等。另外，在教学中可以充分地利用现代高科技作为教学的辅助手段，让课堂教学的趣味性、直观性以及多样性都得到增强，从而让学习氛围和学习环境都变得更加有趣而轻松。再者，教师的教学要重视课堂教学，但不能只是重视课堂教学，还可以利用网络教学，极大程度地延伸教学空间，因此，教师可以对网上的学习资源进行整合和利用，将整个学习过程拓展至课堂之外，从而让课堂教学获得进一步的拓展、强化以及延伸，让学生的学习平台更为广阔、自由。

（三）开发富有针对性的教材

教学教材是教学方法和教学内容的体现，是教师教学的必备工具。一方面，它是教学内容和教学思想的载体；另一方面，它又是教学经验以及教学方法的结晶，是保障教学质量的工具。对高职院校的工商企业管理而言，无论是教学大纲还是教材的制作，都应当经过学校和企业的教师以及其团队的合作来共同完成，所以完成教材制作的过程，既需要各个劳动组织以及企业生产逻辑进行整合，又需要完成系统学习和案例学习的整合工作。换言之，在整个教材的编写过程中，要严格遵守教学工作和教学内容二者相结合这一基本原则，整个课程的编写和设计都要在企业人员与专业教师合作的基础上共同完成。

四、对"双师型"教师的培养

（一）使用各种方法，尽可能地培养学校教师"双师"的素质

在整个高职院校中，最重要的组成成分除了学校的学生，便是学校的教师。学校教师的专业素养以及教学水平直接关系到学生的未来，然而现实是学校的教师大多都没有在企业中实际工作的经历，无法给学生传授实际操作的工作经验，因此，学校要在培养教师的教学能力之外，着重培养其"双师型"素质。首先，学校要激励教师参加各项职业技能鉴定的积极性，要鼓励教师获取职业资格证书，并借助校内的实训基地来完成一定程度的技能训练，为以后指导本专业学生实训、实习、就业以及实践能力奠定基础。其次，学校要同企业建立深度的合作关系，要督促教师走进企业的管理和生产线，了解和掌握企业的工作流程、组织方式以及新技能、新技术和产业的发展情况。此外，学校还要鼓励教师凭借项目的开发来积累自身所需要的专业技术、职业技能以及实践经验等，从而让教师从以往的单一教学往科研、教学和生产实践方向改变。

（二）大力建设兼职教师队伍

兼职教师的引入，是让"双师型"教师队伍得以发展壮大的必经之路。兼职教师往往是学校自企业的生产一线聘请到的高技术人才，也可能是学校自其他院校聘请到的技能型人才。通过他们，可以让企业的一些专业知识、操作技能以及具体操作的经验源源不断地流向学校中。从短期来讲，不论是学校的教师还是学生的专业技能都可以获得极大的提升空间；从长远来讲，他们的存在，

会让越来越多的教师变成"双师型"教师，从而大大地加强了学校的师资力量。

第三节　高职工商管理专业的课程体系现状

近年来，我国经济得到了快速发展，随之而来的是人们给社会上的各类专业人才提出了更高标准的要求，而我国现阶段的高职院校工商管理专业的课程体系在结构、培养目标以及实施途径等诸多方面依然有着较为严峻的问题，使学校在培养学生独立创造力以及组织能力之时遇到或这或那的难题，进而使学生在步入社会之后其能力也无法满足企业的要求，因而学生的整体就业率较低。从中我们知道，对高职院校工商管理专业的课程体系进行改革，无论是对学生还是对整个社会来讲，都有着很深远的意义。

一、高职工商管理专业课程体系设置的现状

目前，在高等教育不断改革的形势下，高职院校的工商管理专业正在试图使用模块教学的理论，并借助课程体系把各色各样的课程模块进行归类划分为不同板块。以东莞市的高职院校工商企业管理专业为例，该学校的课程体系主要是由专业基础课、公共基础课、专业技能课以及专业拓展课和其他课程构成。在上述课程中，公共基础课主要是由"政策与形势""法律基础与思想道德""就业指导与职业发展""计算机使用基础""大学英语""应用文写作"等构成，该部分课程在总学时中所占比例大约是百分之二十四；专业基础课的构成成分主要是"经济学原理""管理学基础""经济法规""统计基础""基础会计"等课程，该部分课程所占比例同公共基础课大致相当；专业技能课的主要课程大致包括"国际贸易""联销企业的经营管理""市场营销""人力资源管理""生产运作管理""电子商务基础"等，该部分课程在总学时中所占比例大约是百分之四十三；专业拓展课一般是根据该地区的学校特色以及经济发展来设定的课程，比如说"管理沟通""市场预测与调查""公共关系"等课程，该类课程在总学时中所占比例大致是 4% 左右；最后的 5% 则主要是学校参考了学生

的职业规划和兴趣爱好来制定的，它们主要是以选修课的形式存在。总之，现今的高职院校在工商管理专业的课程安排方面主要是集中在学科方面，至于对学生专业技能和实践操作的培训，则较少安排。除此之外，有些学校会出于完美的考虑，而刻意要求课程体系往高大全的路线上走，这又让各学科之间缺乏衔接。

二、高职工商管理专业课程体系当前所存在的问题

（一）人才的培养目标定位模糊

对人才培养目标的定位较为模糊指的是在对人才培养目标的设计上，呈现出一定的趋同化。人才的培养目标主要包括人才的素质结构、能力以及基础知识等。它是学校对自己培养学生设定的最终预期。在教学专业建设与组织活动中，人才的最终培养目标关系着整个活动能否顺利进行，而在整个教学工作中，学校所开展的任何活动都是以这一目标为基础建立起来的。此外，管理本身有着一定的艺术性和科学性，人的学历高低本身并非衡量个体管理水平和能力的标准，而高职工商管理专业其培养目标却主要是以基层管理者为主，如此也就使得在对课程体系的设置方面出现结构不科学、内涵相对模糊的现象，这对于学生未来发展空间有着很强的束缚性。

（二）课程体系结构的设置上缺乏前瞻性和职业性

对于我国的高职工商管理专业来说，现在普遍存在着课程体系的前瞻性和职业性匮乏的现象，具体表现如下。

首先，是课程体系在设置方面缺少一定的职业性，它们与当下的企业需求有着极大的不协调。

其次，高职院校的课程在发展方面，其课程缺乏应用性，不利于提升高校学生的综合能力和职业素养。

再次，高职院校在对课程进行开发的过程中，其课程缺乏职业性和前瞻性，在调研方面也极为匮乏，更多的是按照原样照搬。

（三）综合技能及能力的培养有所欠缺

一般而言，如果想要让学生的实践操作和理论知识有所提升，科学而有效地开展专业实践方面的课程是一个行之有效的方法，因为它可以让学生的理论知识得以完全消化并体现出来。所以，如果想要让高职院校的学生可以娴熟地使用自己所学到的理论知识，并让理论知识协助其实践能力的发展，便应当重视对高职院校工商管理专业学生的实践能力与理论知识的整合。不过现实是，我国当前的高职院校大多数都没有较高水平的实践课程配置，他们大多数的精力都放在传授学生理论知识当中。正因为如此，学生尽管有着较为扎实的理论知识，却无法将其应用到实践当中。此外，过分的偏重理论知识的传授，甚至会让学生想当然地认为理论知识重要而实践知识不重要。更有甚者，有的学校会为了凑学分而在原有的基础上更加过分地压榨学生实践的时间，这对于学生的实践以及未来在企业的发展来说，都有着很坏的影响。

（四）实践教师的师资匮乏，其课程的实施途径很单一

纵观我国高职院校的历史发展可以得知，学校对于学院各专业系统性的发展看得比较重要，此外，学校对于学科内容方面，也颇为执着于精、专、深等一干特点。这些特点的存在，使得我国的高职院校教师大都偏重于理论性教育，而对实践性和技能的培训则重视不够。正因为如此，在我国包括高职院校在内的大部分教师，大多都是偏重于理论教学而忽视实践教学。此外，我国高职院校在实践方面，其师资的能力和资源相对来说较为匮乏，从而导致我国高职院校在实训基地建设方面较为疏忽，即使有的学校的实验室等实训基地创建得比较好，但是在使用率等方面却乏善可陈，久而久之也就沦为了摆设。再者，高职院校专业课程在实施上也颇为单调，其教学模式多为老师教而学生听等单一模式，其对理论性教学的过度重视必然导致学生无法与企业以及社会建立深度衔接，从而导致学生上课积极性变差，学习创新能力也很难得到提升。

三、完善高职工商管理专业课程体系的具体措施

（一）将学生的就业作为主要方向，让培养目标更为明确

一般而言，通过对设置课程体系的描述，可以很详尽地将高校对人才的培养目标展现出来。为了让学生能更好地就业，在高职院校的课程体系设置过程中，要将培养人才各项能力作为核心出发点，并在此出发点的基础上不断地加强对学生素质以及能力的提升，直至他们自身具备同别人的合作意识以及市场竞争意识为止。

当下的时代，市场经济发展势头越来越猛烈，作为培育满足社会需求人才的基地，高职院校应当对市场的需求实施不间断的探索，并在探索的基础上不断地改善和调整其对于人才的培养模式，从而让学生在面对不断变化着的社会时能更有更强的适应能力。此外，高职院校在培养学生过程中，应当将市场需求和学生自身的特点结合起来，并在此基础上增强对学生操作能力、沟通能力以及协调能力和资源整合能力的培育，让学生的接受能力和学习能力都得到切实的加强，学习态度得到显著改善，最终具备良好的就业能力和创新能力。

（二）以满足社会市场需求为目的，优化课程结构

高校在对课程体系进行设计之时，所考虑的往往是自身能否满足企业的发展需求，所以，在其对人才的培养中，需要让知识、技能与岗位这三者紧密衔接起来，如此课程设置才能构建出合理而科学的培养体系来。

首先，课程设置要以本专业的发展以及自身特点为主要参考对象，要充分地参考企业对于学生的各种需求，并做到让各类学科之间都能完美地衔接起来，从而让交叉学科与本学科的逻辑关系得到正确的处理。

其次，学校在对课程进行设置时，要充分地考虑本专业就业的大致方向，要让课程体系同岗位的实际操作以及企业的需求完美协调起来。此外，学校要致力于对学生操作动手能力的培养，唯有如此，才能让学生在步入社会之后能轻松上岗，并在自己的岗位上有所作为。

（三）增加实践创新课程的开设比例

高职院校在人才培养的目标方面，主要是侧重于培养能满足市场需求、有着很强的操作能力的应用型技术人才。为了这一目标，高职院校的课程设置务必要做到打破以往的模式，要致力于对学生实践能力以及操作技能的培养，教学体系必要设计得科学、合理。所以，高职院校要从以下四个方面来进行调整和改善。

首先，要完善并改革现有教学体系，并致力于培养学生的实践技能。

高职院校应当增加在实践教学上的时间安排，要尽可能地增加培养学生实际操作水平的力度，让学生在学习到理论知识之余，也能娴熟地将理论知识应用到实践操作当中。

其次，要协调实践和理论的教学比重，让教学管理这一体系得以规范化。

在对学生展开实践课程之时，学校应当对整个社会实践比重进行一定程度的协调，而不是像以往那样仅仅局限在对操作技能的培养上。学校要激发学生学习的积极性，要创建完善的实验室等实验场地。为了全面地激发学生参与的积极性，学校可以创建研究小组，培养学生在实践方面的操作动手能力。

再次，在开展学生的实践创新课程方面，要尽可能地做到多方式、多渠道化。比如可以通过创办一些专题讲座来探讨关于管理学等方面的专业知识，从而让学生在调研能力得到大幅度提升的同时，也得以对我国相关政策、法律法规有深入的了解。

最后，学校应当增强同政府或者企业的合作力度，让学生可以通过去企业进行实践，来提升自身的调研能力和专业的素养，为日后进入企业工作做好准备。

（四）优化教师资源，加大教学改革的力度

教师工作的成绩可以很直接地影响到整个师资队伍的发展。为了高校的发展，学校应当优化教师资源，加大教学改革的力度，将"工学结合、校企合作"作为导向，在致力于提升教师的专业理论知识水平的同时，还要提升其实践操作能力。

　　首先，教师要努力提升自己的教学水平，要对自身所学知识进行及时的更新。而学校也要激励教师对教学方式进行更新，让网络技术、计算机技术以及光电技术等高科技手段融进高职院校的日常教学当中。此外，为了提升教师的教学经验和实践技能，学校还要激励教师在教学之余去考取相关职业证书。

　　其次，学校应当以积极的心态来协调企业同社会之间的关系。对此，学校可以邀请社会或者企业中有着丰富经验的专业技师到学校来进行演讲，向学生以及教师分享他们实际操作中的经验。此外，学校还可以以讲座的方式，来丰富和完善对学生实践教学这一环节，从而增强自身教学的实践操作能力以及学术专业水平，在改革中不断地锤炼师资队伍，让整个高职院校的教学体系得以有效实施和运转。

第四节　高职工商管理专业发展面临的问题

　　当前，我国在经济体制的改革呈现越来越加深的趋势，这使得市场的竞争体制从经济体制的各行各业中脱颖而出。尽管有一部分经济仍然由政府把控，但是整个社会对管理人才需求度却在逐渐上升。再者，随着我国经济向工商产业链这一时代发展，商品自原材料到最后收归消费者所有，这中间有太多的流程和转折，比如加工、生产以及销售等，而这其中的知识都需要工商企业管理类专业的学生明白并会操作，然而现实是工商管理专业的学生对于此类知识大多都所知甚少，久而久之，就会出现各种各样的问题。

　　下面，笔者将对高职工商管理专业的发展中所存在的问题进行分析和解决方案探讨。

一、高职院校工商管理专业在发展中所面临的问题

　　高职院校工商企业管理专业是我国教育部在充分地参考了企业管理和工商管理的优点之后创建和发展起来的。在发展和建立的过程中，教育部又将该专业同当前社会和企业对复合型、知识型人才的主要需求结合起来进行分析和考

量，从而致力于展现该专业的前瞻性、时代性以及应用性。客观来讲，工商管理专业在福利和薪金方面有着其他专业所没有的优势，然而从培养方面来讲，要培养一个能独当一面的专业人才，却需要大约四年甚至更长的时间。与此同时，我国有相当一部分高职院校在工商管理专业的发展上，存在着这样那样的问题，从短期来看，这严重地制约着该专业的发展和壮大，从长远来看，因为该类问题的存在，与该专业相关的专业（比如说物流管理、市场营销以及会计等专业）的未来发展也会受到严重制约。

（一）师资力量的匮乏严重地制约着工商管理专业的发展与构建

正所谓"强将手下无弱兵"，作为学生学习生涯里的领军人物，如果专业教师的专业技能不够强悍，便无法培养出质量过硬的学生。可是在竞争日益激烈、学生生源日益紧张的今天，高职院校谋求更大的发展已经越来越困难，所以越来越多的高职院校在尽可能多地扩大招生范围的同时，也在不遗余力地控制甚至减少办学的经费。在高职院校任教的教师，在薪金方面，完全无法同动辄数万甚至十数万年薪的正规本科院校的教师相提并论，长此以往，也就使得越来越多的优秀教师为了自身考虑而相继去往普通大学或者重点大学教书，而高职院校为了节约资金也无力聘请优秀的教师来本校任教。师资力量长此以往的匮乏，必然导致高职院校包括工商管理专业在内的所有专业的发展受到桎梏。

（二）高职院校工商管理专业在课程设置方面同企业的需求相抵触

当前，我国高职院校中的学生，尤其是大三学生，他们中间普遍凝聚着一股让人坐立不安的焦虑情绪。究其原因在于，很多学生认为在高职院校学习工商企业管理这门专业没有丝毫用处，即使以后步入社会也无法适应工作和生活，更无法同现代迅猛发展的经济形势相比肩。与其说是该专业无法适应社会，不如说是高职院校在设置该专业的课程时出现了纰漏。颇多高职院校对于工商企业管理与工商管理的概念无法分辨清楚，在设置该专业的课程时，照搬了工商管理的设置思路。比如设置的《组织行为学》《经济学基础》以及《人力资源管理概念》这类课程，便同普通高校工商管理专业所开设的各类课程一般无二。如此会导致一个不良的后果：在一样的学习条件下，普通高校工商管理专业的学生其竞争力要远远高于高职院校工商管理专业的学生。长此以往，会有越来越多的高职院校工商管理专业的学生因为学校课程设置的错误而对学习产生恐慌、厌恶以及迷茫等不良反应。说到底，还是高职院校的学生在竞争力方面过于弱势，以及学校对市场定位培养模式考虑不完善。

（三）学校的实训基地设备不完善，学生严重缺乏操作动手的能力

当前，我国的各种高等院校在对实训设备的使用方面，理科生的使用频率要远远高于文科生的使用频率。换句话说就是，工商企业管理的专业设置有一定的缺陷，学校也缺乏该专业的发展和生存所必备的实训设备。学校培养学生的模式主要是通过课堂上老师强行塞给学生理论性知识，这不仅仅会让学生缺乏学习的兴趣，甚至连教师教学的兴趣也无从谈起。从工商管理专业未来的就业和发展来讲，存在很多因为缺乏设备而导致问题出现的例子。比如说ERP（企业资源计划），便是学校因为要节约办学资金的缘故，只购买了ERP的物理沙盘而忽视了学生所需要的ERP电子沙盘。再比如说人力资源管理专业，培养学生所凭借的也就是教师外加教科书。至于实训场地以及实训设备，则严重匮乏。

二、高职院校工商管理专业在发展中存在问题的应对策略

为了让上文中所提到的问题能够得到完善的解决，笔者对其进行了分析和思考，并得出了以下结论。

（一）要增强学校的师资力量，创建一支高水平、高学历和战斗力强、稳定性高的教师团队和招生团队

高职院校当前在经费方面确实存在着一定的困难，这点毋庸置疑，从长远考虑，这些难题必须予以解决。在此，学校可以考虑最大限度地去开源节流，节省出来的资金用以增加对师资队伍建设的投入，从而让学校的教师在福利待遇和薪金发放上缩小同普通院校教师的差距，从物质方面到精神方面都得到学校的照顾。此外，学校还要在此基础上创建一支战斗力强的招生团队，在招生

团队的待遇上，学校也要尽量地增加投入，以满足其自身的需求。

（二）工商管理专业的课程设置要同企业的需求紧密联系起来

对于此点，高职院校工商管理专业领导和学科领军人物都要予以重视，要做到既能敏锐地发觉当前经济形势在发展中的各种变化，又能让学科发展的改革路线同市场需求相结合。当前，我国经济尽管呈现很明显的上升趋势，但是社会上的各类结构却因为激烈的竞争而急需改革，以往的生产模式和组织方式都因为新形势的到来而遭到不同程度的破坏，整个社会对知识型和综合型人才的需求度也日趋上升。所以，高职院校除了要给工商管理专业的学生开设专业课，还要开设一些关于营销、策划、法律、财政、管理以及会展和金融等方面的课程。如果条件具备，高职院校还可以让学生学习一些比如 SPSS（统计产品与服务解决方案）等软件方面的知识。总之，在新形势下，以往的单一教学模式和专业结构已经无法满足企业的需求，正面临被淘汰的趋势。

（三）加大对实验设备和实训设备的资金投入，将高职院校轻视实践而重视理论的现象扭转过来

当前，在我国的大部分高职院校中，都存在着一定程度的重理论轻实践的问题。从工商管理专业来看，这类问题就很突出。该问题的害处毋庸置疑，其无论是对于企业还是学生的坏影响都已然显现出来。为了防止此种情形的进一步恶化，高职院校应当增加对实验设备和实训设备等资金的投入（比如适当地创建一些 ERP 电子沙盘的实训室以及采购一定数量的同专业相关的实训器材等）。此外，高职院校还要在充分地考虑到工商管理专业特点的基础上，尽可能多地创办一些独立的实验室，或者将实验室同一些文科专业（如物流管理、会计、市场营销）的实训室结合起来共同使用，从而让高职院校工商企业管理得到进一步的发展，最终实现政府、学校和企业共同发展、合作管理的新型模式。鉴于我国当前还处于起步阶段，笔者认为，我们可以充分地借鉴德国高职院校对工商管理专业学生的培育模式，让学生在实践中学习到理论知识，所学的理论知识又能应用到实践当中去。如此，实现了理论与实践双向发展、相辅相成的理想状态。

（四）要适当地给学生以信息的引导，为刚入学的大学生做好学前教育

刚刚入学的大一新生对工商企业管理这门学科的理解极少，更多的学生则是处于空白状态。为了让学生能够更好地融入到学习中，该专业领域内的学术界领军人物要充分做好学生的学前教育，开课前便要给学生讲解该类学科的特色、就业方向、课程设置以及培养方向和目标等，尽可能地增加学生对该学科的认识，并引导学生在认识该专业的基础上为自己确定一个能够实现的目标，从而让学生的积极性以及兴趣得到进一步的提升。

在章中，笔者着重对高职院校工商管理专业的发展中所存在的问题进行了分析和讨论，并在分析的基础上找到了相应的解决策略：学校要加大对师资的投入力度和引进力度；学校在对专业课程进行设置时要同市场的需求紧密结合起来；学校要加大对实验设备和实训设备的资金投入，要将高职院校轻视文科重视理科的趋势扭转过来；高职院校要对大一新生做好思想工作。因为笔者从事高职院校工商管理专业的管理和教学工作的时间还很短，所以在经验和见解上存在一定的不足，不过还是希望本书能为高职院校的工商管理专业的发展带来一些帮助。

第五章　工商管理专业应用型人才培养研究

　　本章从工商管理专业学生就业问题的调查开始，首先梳理分析工商管理专业往届毕业生就业情况及存在的问题，有针对性地分析就业不理想的原因，并提出解决就业问题的措施和建议。其次，做了工商管理学院本科创新人才培养现状的调查和研究，通过对已毕业学生就业质量的分析、职位变动及升迁的分析，以及学生的自我认知、对课程设置的分析，结合学生反映的问题，总结分析出学院在创新人才培养方面应该注重的主要方面，进一步得出加强创新人才培养的建议和措施。

　　通过对往届毕业生、在校生和相关老师的调查，本研究最终从五个方面得出青海民族大学工商管理学院培养创新型人才的途径和方法。

　　首先注重以体验教育为核心的培养模式，从整个培养模式的创新来根本转变人才培养方式，注重学生的体验和获得感。其次，从课程角度进行创新，构建创新型导向的课程体系，并且逐步实施这种创新型导向的课程体系。第三，提高教师本身的创新能力，可以从两个方面突破，一方面引进多元化的师资力量，包括从企业和政府相关单位聘请创新实践导师；另一方面以"校企合作"为契机，以企业带专业，促进专职教师的创新和实践的能力，做到资源共享、联合培养。第四，从教学方法上创新，注重体验教育，注重学业导师发挥的创新引领作用。第五，创新学生评价机制，改变传统的评价模式以清除其存在的弊端，实行多元化评价模式。

第一节　研究导论

（一）选题背景

中国的大学为什么培养不出大师？这是 21 世纪及未来的中国高等教育的谜题，谜底将继续鞭策中国高等教育，甚至整个教育系统的改革与发展。在经济全球化和知识经济初见端倪的今天，一个国家的教育系统能否培养出创新人才，关系到整个国家的创新能力的强弱和创新体系的建设实践。国家要在世界竞争中立于不败之地，就必须提升自身各方面的创新能力。打造创新能力的核心力量是创新人才，能够不断进行有价值的创新的人就是未来社会急需的人才，而创新人才的培养需要依靠锻炼创新思维的教育。高等教育是学校教育系统的最后阶段，是创新人才培养体系的重要和关键环节，也是创新人才培养的主要阵地。因此，高校培养出来的创新人才的数量和质量在很大程度上影响着整个国家创新能力的建设与提升。

现今，全国有超过 750 所高等院校开设有工商管理专业，各高校工商管理专业培养目标基本都可以归纳为：具有良好的政治修养和道德素质，掌握一、二门外语，具备一定的计算机能力，扎实掌握管理学和经济学理论知识，具备一定的解决问题的能力，在企、事业单位及政府部门从事相关管理工作的高级专门人才，而各高校工商管理专业的课程设置也比较相似。除了"985""211"及其他一本院校外，针对二本民族类的院校，如何培养出综合素质较高、实践能力较强、具有一定的创新能力并能很快适应社会发展需求的学生，这是我们急需思考和解决的重要问题。

下面以青海民族大学工商管理学院为例，研究二本民族类院校工商管理专业本科创新人才的培养。首先通过对青海民族大学工商管理专业往届本科毕业生就业问题的调查来了解学生在就业时和就业后综合素质包括创新能力对其工作的影响，其次对毕业生进行关于整个培养过程中各方面的创新调查研究，了解毕业生对于学校培养过程中创新的认知和想法。这两次调查结果将为工商管理学院创新型人才培养方案的制定与优化提供重要的理论参考。

（二）研究目的与意义

1. 研究目的

培养学生的创新能力已是时代发展的迫切需要，而如何培养学生的创新能力是各个高校各个专业研究的热点问题。目前工商管理专业在培养创新型人才方面存在诸多问题，本研究计划采用访谈法和问卷调查法，对青海民族大学工商管理学院培养创新型人才情况进行调查，找出存在的主要问题。在此基础上，结合国内外工商管理专业创新人才培养经验和青海民族大学实际，提出符合实际的工商管理专业创新人才培养的模式和途径。

2. 研究意义

本研究以青海民族大学工商管理学院省级重点一级学科工商管理作为研究对象，分析工商管理专业在创新人才培养方面存在的各种问题，结合理论分析和调研取证结果，找出影响学生创新能力培养的各种因素，全面探讨如何培养学生创新能力的方法和策略，初步构建一个比较理想的创新人才培养模式和机制。希望该模式和机制的提出能够给相关教学部门以启示，在日后的创新人才培养过程中精益求精，改革传统工商管理专业的弊端，密切关注市场需求，按照知识经济发展趋势和工商管理教育的发展规律，使工商管理专业培养出更多优秀的创新型人才，服务社会报效国家。

（三）研究方法

在系统论的思想指导下，坚持理论结合实际的原则，将青海民族大学工商管理专业创新人才培养实践作为一个整体系统进行研究。本研究计划采用整体分析法、系统分析法、历史分析法和个案分析法等基本研究方法。此外，本研究还使用文献分析、问卷调查、访谈法和实地观察法等方法收集研究材料。

1. 历史分析法。对青海民族大学工商管理学院培养创新人才的实践分析是建立在人才培养改革与创新的历史分析之上的。在此用历史分析法，来客观地描绘工商管理学院在创新人才培养方面所做过的尝试，并分析出其中的特点和问题。

2. 文献分析法。对工商管理学院在创新人才培养实践过程中产生的文本型资料进行分析研究，透视出工商管理学院在创新人才培养实践上的特殊性和问题所在。同时，梳理其发展历程，在其教育教学的历史中，解读其人才培养的改革与创新，为后期的创新人才培养实践探索打下基础。此方法是本研究进行材料收集、处理和归纳的基础方法。

3. 问卷调查法。编制《青海民族大学工商管理学院创新人才培养实践的调查》问卷来了解学生对工商管理学院在人才培养实践上创新和改革的感受。问卷采用整群抽样和系统抽样的方法进行随机抽样，分别在会计学、财务管理、江河源财会人才实验班、工商管理、旅游管理（现旅游学院专业）等专业各发放 30 份问卷，进行摸底调研。

4. 非正式访谈法和实地观察法。按计划对选定的研究对象（2010~2015 级工商管理班的部分同学和老师，教务处办公室和学工处实践办公室的工作人员）实地进行 20 余次观察和 50 余次非正式访谈，了解各种模式在运行中应该遵循的原则和出现的问题以及解决的途径。

（四）国内外研究现状

关于"创新人才培养模式"的研究，20 世纪中后期逐步成为教育界研究的热点。作为一种学术概念，它在很大程度上是中国教育教学改革的产物。国外虽然没有这样的名称和提法，但是与此相关的研究和实践十分丰富。

1. 国外相关研究

西方发达国家虽然没有明确地提到"创新人才"的概念，但是关于创新的内涵则是早在 1912 年就由美籍经济学家、创新之父熊彼特在其著作《经济发展理论》中首次提出。他认为，创新是把一种新的生产要素和生产条件的"新结合"引入生产体系。在欧美发达国家中，人才培养方面的研究和实践虽没有明确提出创新型人才培养的观点，但是其培养方案和培养模式无不凸显了其对于创新人才培养的内涵：强调培养人的创新意识、能力和思维，积极启发学生进行独立思考、鼓励学生进行创造性思维。在创新人才培养方面的实践运作都已经比较成熟，处于理论与实践的良性互补时期，有丰富的培养创新人才实践和创新人才培养的模式。例如，德国的"双导师制"培养模式，英国的"产 - 学 -

研"合作模式，美国的"一个中心，三个结合"模式等。

国外对人才培养的研究集中在心理学领域，注重知识与能力的建构与培养研究。其一，在高校的人才培养实践中体现出创新人才培养的本质，例如，哈佛大学、普林斯顿大学、牛津大学和剑桥大学等世界知名大学，以追求真理为办学宗旨，在人才培养上以全面发展的人、有教养的人为培养目标，强调培养的人才应该是在情感、智力方面全面发展的人，应该是受过广泛而深刻的教育的人，是具备独立思考能力、分析能力、批评能力和解决问题的能力的高度发展的创新人才。其二，研究的理论成果经常能够及时运用到人才培养的过程之中，并在人才培养实践中丰富培养理论，例如，美国高校提出的本科毕业生标准，其中蕴涵着创新人才所需要的知识、能力和素质结构。国外对人才培养的研究和实践告诉我们：创新人才培养模式既是一种理念，又是一种实践，更是一种由理念引领的实践。国外发达国家及其高校虽然没有明确提出"创新人才培养模式"这一概念，但是，在创新人才内涵、培养模式和培养机制等方面都有很透彻的研究和丰富的实践探索。

2. 国内相关研究

从理论研究层面，有些学者论述了高校发展与创新人才培养的区别和内在的联系，它们是一个整体的两面。高校创新人才培养模式的理论基础，主要有教育规律理论、现代人才素质理论、人力资本理论、区域竞争力理论和创新相关理论。高校创新人才培养模式是高校培养创新人才的核心和灵魂，而创新人才培养模式作用的发挥，离不开高校创新人才培养机制的灵活性和机动性。创新人才培养机制的形成，有赖于大学理念的更新、高校管理体制的变革、灵活有序的教学模式的建立。

在高等教育大众化背景下，进行创新型人才培养机制建设，应进一步提高教育质量，坚持科学发展观，以生为本，加强高校特色建设。创业教育从创新型人才成长的特征出发，认为建立人才培养、使用、流动和激励的新机制是创新型人才培养机制的基础。要把创新人才的培养看作是一个系统工程，高校作为培养和造就高素质、创造性人才的摇篮，应深刻反思其办学理念，以教育创新来实现创新教育，为国家培养具有创新精神和创新能力的创新人才。

从实际工作层面，需要研究注重的是实践应用型的探讨。众多的富有特色的创新模式相继出现，如产学研结合模式、产学合作教育模式、主辅修制模式、分专业培养模式、双学位制模式、大类招生、"3+1"培养模式、"3+2"培养模式和本硕博（本硕）贯通培养模式等。这些模式的提出是针对特殊条件的，是一个特殊环境下的高校对自己培养人才的基本途径的组合，发挥组合的优势来打造创新人才培养的创新性。这些模式中有些是修业的年限不一样，有的是打造的能力结构不一样，还有的是能力与知识、技术与理论的程度区别。当然，教学还是高校培养人才的主要途径，创新人才的培养也离不开基本的教学，所以德育、智育、美育、体育等还是创新人才培养的基本途径，也是构成创新人才培养模式的基本元素。

第二节　工商管理专业创新型人才培养途径和方法

（一）以体验教育为核心的培养模式的创新

1. 培养模式的概念界定

对于培养模式的含义，学者们有不同的看法。综合而言，培养模式是指在教育活动中以一定的教育思想、教育理论和教育方针为指导，为实现培养目标而采取的组织形式及运行机制。对于培养模式的构成，目前没有统一的界定。有的认为，它包括培养目标、培养规格和培养过程；有的则认为，它包括培养观念、培养关系、培养方式及培养途径。

本文希望从价值链视角对其进行界定，即指学生进入高校后，为满足社会需求、实现价值增值而对其进行专业的教育教学活动以创造价值的运行方式。

2. 工商管理专业培养模式现状分析

工商管理专业培养模式表现为：高校根据每年度招生计划，从生源地招到考生，按教学计划进行相应的教学活动并对学生学习做出评价。经过四年的基础教育和专业教育，学生获得学位和学历后，自主寻找用人单位就业以实现自我价值。

在传统的培养模式下，市场人才供给价值链以高校为核心节点，存在诸多弊端：

第一，市场意识淡薄。即专业课程设置缺乏对社会实际需求的科学预测和把握，存在较大的盲目性，造成产出与就业岗位需求不成比例，导致本科毕业生求职就业存在较大的困难；而同时，企业对人才需求存在较大缺口，专业教育与就业市场的需要存在一定的差距，供求出现脱节。再者，学生就业后，也无法很快进入角色，需要企业再培训，增加了企业用人成本。

第二，培养主体错位。在传统的培养模式中，大多以专业知识学习为主，以教师和教材为中心，学生一般是被动地接受知识，而修完教学方案中规定的各门课程，取得相应的学分即可顺利毕业。但以专业知识学习为主的人才培养模式本质上仍是应试教育，重结果而不是重过程，学生在教学中完全是被动的、从属的，这不利于学生的创造能力的培养。

3. 对传统培养模式的改革和创新

时代在变，教育的标准也在改变。创新是教育的灵魂。教育需要在创新理论的指导下，不断地认识自我、否定自我和超越自我。其创新主要表现于：

（1）目标维度的创新——以市场为导向

随着高等教育的发展和出生率的降低，高校之间的生源竞争日趋激烈，毕业生的市场适应度将成为考生选择学校和选择专业的尺度。为提高社会满意度和考生满意度，培养目标的设置就应如同企业生产一样，应该是"市场需要什么，我就生产什么"，即培养人才应以市场需求状况分析制定培养计划。

青海省人力资源市场对工商管理专业人才的需求主要来源于：省内各类大中小企业、公共管理部门及社会对咨询人才的需要。因此，可考虑加强与社会和企业用人单位的联系，通过校企合作等方式建立"订单式"培养、实现产学研一体化的培养模式。具体思路如下：

第一，高校与用人单位实现信息的双向流动，两个节点的"无缝链接"。如加强校企合作，在高校了解企业对人才需求的同时，让企业主动参与到人才培养过程中，以降低学生就业后的再培训成本。

第二，鼓励高年级学生与用人单位签订协议，根据用人单位的要求，学校和用人单位共同培养以实现"个性化定制化培养"，真正实现高校与用人单位的"零距离"，实现学生满意、用人单位满意和社会整体效益最大化。如广州宝洁公司，偏好于招聘应届毕业生。该公司每年直接去高校招聘，与大二或大三学生签订定向培养协议，根据自身需要培养其所需的人才。

（2）制度维度的创新——以学生为主体

高校培养模式的主体是学生。而如今的大学生具有较强的独立自主性，更加强调自由、民主和平等。因此，在教育制度建设中，应注意充分发挥学生的主观能动性，强调学生自我选择，突出学生的个性化培养。具体表现于如下内容。

首先，由考生在了解本专业的前提下，自主选择是否要读本专业。即加强生源地和高校的信息沟通，使考生可以在信息更充分的情况下做出专业选择，降低因信息不对称而产生的择业风险。

在职场中，一个人的工作绩效主要取决于其态度和能力。而能力影响因素较多，可能受技能影响，可能受知识影响。也有调查显示，当人自身的特质和其工作岗位的要求产生很多重叠时，人们就容易成功。因此，高校在招生初始，就应加大与考生的沟通，即让考生了解本专业特点、需要具备的素质和将来发展的方向。而学生可以通过自我剖析，来决定如何进行专业选择。

其次，工商管理内容包罗万象，学生的自主选择还体现在入校后的研究方向的选择上。为此需要建立宽基础、分流制——在学生入校后的前两年，更多地以通识教育为主，让学生接触专业课程，激发学生对专业知识的好奇心和兴趣，到高年级时，学生可以根据自身兴趣和学习状况自主选择以下研修方向：如运营管理、项目管理、战略管理、人力资源管理、财务管理、营销管理等，以更好地实现"因材施教"。

再者，以学生为主还体现在以学生的自主学习为主要学习方式。即建立学业导师制，学生入校后，为每名学生安排相应的指导教师。这些教师既是学生的专业教育导师，也肩负着素质教育的责任。他们可以利用自身的学识、阅历、修养去潜移默化地影响学生、教育学生。

（3）过程维度的创新——以体验为核心

传统教育流程一般表现为：教师以课本为载体，循序渐进地将知识逐步传授给学生，进行评价，肯定应试中的佼佼者。这种方式在过去的几十年可能具有较强的生命力，但在步入 21 世纪的中国的今天，它却会产生致命的弱点。因为社会的供求发生了翻天覆地的变化，从需求来看：社会对人才的需求有了更高的要求——创新型人才；从供给来看：年轻一代大多追求个性发展和自我创造，因此，在市场化导向的培养目标中，学生为主体的培养制度下，更需要体现以体验教育为核心的培养过程的创新。具体表现于：

第一，"教"：改变传统的教学方法，尽量使教学过程像娱乐活动一样吸引人，让学生愿意学，让学生学得快乐。再者，为学生提供一个运用知识的空间和环境。如创造一种虚拟的情境，让学生通过体验进入知识运用和思想交流之中。

第二，"学"：学生主动参与教学过程。学习效果不在于"教"，而在于"学"，在于先"知"而后"行"。因此，在理论教学过程中，要将学生的被动学习变为主动掌握。而学生在掌握相应的专业知识后，可以参与实践，将所学的知识融会贯通，灵活运用，以创造性思维与团队探索可行的方法和解决方案，在学习和实践中不断总结经验、实现自我超越，即在体验过程中体会到"学"的乐趣和"用"的成就感。

（二）课程建设的创新

课程建设是专业培养目标实现的基本途径。因此，学校工商管理专业课程建设更应在分析青藏高原地区区域经济发展、社会人才需求的特点上，考虑如何进行课程建设的创新。

1.创新型导向的课程体系的构建

根据上述培养模式，课程设置可考虑采用"3+X"的方式。

"3"包括公共基础课、专业基础课和专业课。

公共基础课包括思政类课程、计算机应用、英语、体育、哲学、伦理学等。

专业基础课包括西方经济学、管理学、会计学基础、金融学、经济法等。

专业课：包括物流管理、人力资源管理、企业管理、战略管理、市场营销、运营管理等。

X：是指根据学生的个性发展和社会需求，由学生自主选择研究方向，在导师指导下进行相应的实践，为就业做好充分准备。

2. 创新型导向的课程建设的实施

（1）教学内容模块化

"模块化"是指将课程体系的建设作为工作核心，对工商管理课程内容进行模块化整合，充分利用多元化的教学资源，最大限度地充实专业课教学内容，最大限度地发挥课程的功能，真正实现在通识教育基础上的宽口径专业教育。构建以需求为导向的工商管理职能模块，一方面授课教师对传统课程内容进行组合，合并相同知识点，减少教学课时，增加实践课时，或聘请校内工科专业教师、校外企业管理者讲授行业应用知识。另一方面设置学生自学学时，学生可利用互联网信息了解相关行业知识、信息，通过行业小组讨论、项目学习等方式组织学生探究行业企业管理特征、重大管理事件，实现翻转课堂。学生从被动学习转变为主动学习，课堂教学由教师灌输为主转变为教师控制下的互动学习。

在工商管理专业学生的培养过程中，若对每项管理职能的培养都能与行业特性结合，实现"管理职能＋行业特性"，就能把学生培养成熟悉产品供应链、生产、用户管理等方面的职能的基层、中层管理人才，缩短毕业生初次就业的岗位适应期。

（2）教学目标区域化

特色专业需要教材建设上有相应的体现。鉴于特色专业建设一般具有独特性，可能缺乏现成的、公开出版的、合适的、针对特色培养的教材的现状，可以采取根据特色需要，结合区域实践和经验，自编教材的方式来解决。如在实践教学中，可考虑结合当地地区企业发展实际，由模块化后的团队编写案例教材，由学生自发组成团队进行讨论等。

（3）培养方法个性化

在基础教育和专业教育的基础上，增设一些个性化课程，使学生的个性、天赋和兴趣得到发展，即根据本专业人才培养目标，围绕学生的特点，除了基本的经济管理理论知识外，增设一些增强学生综合素质的技能课程，如"企业文化与商业伦理""演讲与口才""创业培训""团队建设""人际沟通""心理学"等，以丰富与完善学生自身知识结构，获得更大的学习自主权，并拓展择业空间。

（4）加强实践环节的设计

"学而不用"是工商管理专业学生学习的一大弊端。作为强应用性的专业，在课程设置时，应提高实践环节的课时量，增加内容，完善实践教学体系。

（三）师资培养的创新

师资队伍是保障特色专业建设的根本，没有合格的师资队伍就无法建设特色专业。所以，高校需狠抓教师队伍建设，在人才引进上向特色专业倾斜，在人才培养上向特色专业侧重，以此保持该专业的特色。

1. 师资引进的多元化

我国的高等教育已经由精英教育阶段进入到大众化教育阶段，因此，在引进人才时需考虑本专业特色。目前师资的引进往往过于注重学历学位，似乎是硕士一定强于本科生，而博士又一定比硕士好。但工商管理专业是理论和实践的结合，学位高的教师并不一定能胜任实践类的课程。因此，在引进人才时，除了考虑专业、来源外，还需相应地考虑有实践经验的教师，以使师资队伍更趋于合理化。

2. 以"校企合作"为契机，以企业带专业

不断加强校企合作，增加专业教师深入企业机会，了解企业运作，这样的做法一方面使教师自然而然地学会如何到企业现场获取教学素材的方法，另一方面也使他们有了收集高质量教学实例的场所，减少了理论教师深入实际的许多现实困难。

另外，工商管理专业教师在具备理论基础、了解实践运作的基础上，也可

以尝试自我经营、自我创业。拥有自我经营的公司后，还可以以培养学生为宗旨，把企业的项目引申到教学当中，学生直接跟导师在现实中学会实际管理运作。

2017 年 3 月，我国人力资源和社会保障部公布了《关于支持和鼓励事业单位专业技术人员创新创业的指导意见》以下简称《意见》，明确了 4 项支持政策。未来高校、科研院所专业技术人员离岗创新创业，可在 3 年内保留人事关系，离岗创业期间保留基本待遇。具体来说包括四种基本政策：

第一，挂职或参与合作可得开发收益。《意见》提出，事业单位选派符合条件的专业技术人员到企业挂职或者参与项目合作，是强化科技同经济对接、创新成果同产业对接、创新项目同现实生产力对接的重要举措。

第二，取得成绩可作为职称评审依据。《意见》提出，支持和鼓励事业单位专业技术人员到与本单位业务领域相近企业、科研机构、高校、社会组织等兼职，或者利用与本人从事专业相关的创业项目在职创办企业。事业单位专业技术人员在兼职单位的工作业绩或者在职创办企业取得的成绩可以作为其职称评审、岗位竞聘、考核等的重要依据。

第三，创业 3 年内保留人事关系。对于离岗创新创业的，《意见》明确，事业单位专业技术人员离岗创新创业，可在 3 年内保留人事关系。离岗创业期间依法继续在原单位参加社会保险、工资、医疗等待遇，由各地各部门根据国家和地方有关政策结合实际确定，达到国家规定退休条件的，应当及时办理退休手续。

第四，可设创新岗位并可实行弹性工作时间。事业单位可根据创新工作需要设置开展科技项目开发、科技成果推广和转化、科研社会服务等工作的岗位（简称"创新岗位"），并按规定调整岗位设置方案。通过调整岗位设置难以满足创新工作需求的，可按规定申请设置特设岗位，不受岗位总量和结构比例限制。事业单位根据创新工作实际，可探索在创新岗位实行灵活、弹性的工作时间，便于工作人员合理安排利用时间开展创新工作。事业单位绩效工资分配应当向在创新岗位做出突出成绩的工作人员倾斜。同时，事业单位可以设立流动岗位，吸引有创新实践经验的企业管理人才、科技人才和海外高水平创新人才兼职。事业单位设置流动岗位，可按规定申请调整工资总额，用于发放流动岗位人员工作报酬。

教师开办企业，可以拿到双份收入，提高了教师的积极性；同时，本专业拥有了优秀的教师，可以带动和促进专业建设；再者，更为学生实践提供了实习基地。

3.资源共享、联合培养

教师是一个终身学习的职业。知识在不断更新，社会在不断变化，因此，高校保持可持续发展的关键在于教师入职后的知识的持续更新。而且，当今时代，各行各业都在讲"名牌"效益，而高校的"名牌"之一便是富有改革精神和创新意识的"大师"级的拔尖人才。所谓"大师"，不仅是其在国内外有一定的影响，而且能在较短的时间将一个学科、一支梯队带进国内或国际先进水平。然而，"大师"级人才的培养，需要充分利用国内外各种资源，即在国内通过联合培养，在名校名师指导下，不断提升青年骨干教师的研究能力；通过出国留学、会议交流等及时了解本专业发展的前沿状况，使教师队伍整体水平和创新意识不断提高。

（四）教学方法的创新

1.体验教育的界定

（1）体验

体验是指外界事物、情景所引起的自己的内心感受、体味或亲身的经历。从心理学的角度看，体验总是与个体的自我意识紧密相连的。体验的过程包括四个阶段。

第一，个体亲历的阶段，即个体亲身经历某一件事或者某一个情境的阶段。这是体验的第一过程。

第二，个体对上述亲历过程进行抽象、概括，形成概念或观念的阶段。

第三，个体在新情境中检验所形成的观念的适应性阶段。正因为经验具有个体性、主观性，因此，只有在新情境中加以检验才能克服经验中的不足之处，或者巩固经验中的合理之处，同时，新的情境又会促进经验思维的灵活性。

第四，再反思，产生新经验的阶段，并不断循环，不断体验，直至达到目标。

（2）体验教育

体验教育是在实践活动中，促使学生不断产生新经验、新认识，并由此发展学生适应自然与社会的能力，形成积极的人生态度，促进个性成长的一种教育方式。

2.体验教育在工商管理专业中的实践

（1）课堂体验教育的设计

①案例教学法。即运用典型案例，将学生带入特定事件的现场进行分析。

在课前，将案例发给学生，要求学生认真阅读案例，并上网查询、参阅，对案例中提出的问题进行分析、提出对策，或者自行发现案例中隐藏的问题并找出解决办法。学生自主阅读、研究、分析，得出自己关于案例问题的见解后，就可进入小组讨论阶段。

讨论中，小组中每个成员都能阐述自己对问题的分析以及对案例的看法，供大家讨论、批评、补充，在相互讨论交流中掌握知识、理解概念、学习技能、解决问题，达到相互启发、共同提高的目的。

接着，进入课堂讨论。一方面由学生各组阐述交流，学生各组之间提出观点、反驳或辩解，另一方面由教师和学生进行互动交流。教师提出学生未能充分注意或重视的问题，引导学生概括总结案例中所反映的原理、规则等知识，全面提高学生的分析、概括、表达能力。

最后进行总结。一方面由教师对课堂讨论的总体情况进行总结，另一方面要求学生写出书面的案例分析报告，对自己在案例阅读、分析、讨论中取得的收获、解决的问题以及还有哪些问题尚待诠释等进行反思、总结，并通过反思进一步加深对案例的认识。案例分析报告可以安排学生独立完成，也可以由学生小组完成。

②情景模拟法

情景模拟教学法，是指通过学生对事件或事物发展的环境、过程的模拟或虚拟再现，让学生在情景中去发现问题和解决问题，从而理解教学内容，在短时间内提高能力的一种认知方法。

首先，设计模拟教学方案，相当于教师创设一个剧本，构造一种在课堂上让学生模拟出来的场景。其次，由教师公布模拟课题以及背景资料，并对参与的学生分配模拟角色和演练任务，给学生一定的时间做准备，并同时告诉其他同学应带着发现问题的眼光观看情景模拟的全过程，尝试解决所发现的问题。最后，由教师安排学生对情景模拟的应用、所反映的问题、折射的原理进行分析，并由教师进行总结，引出书本上的知识点。

③角色扮演法

在角色扮演法中，要求教师设计一个最接近现实状况的管理场景，指定参加者扮演某种特定管理角色，借助角色的演练理解角色内容，从而提高主动地面对现实和解决问题的能力。

④行为模仿法

即向学生展示需要学生学习的行为，让学生模仿这些行为，并且互相交流体会。比如将面试、面谈、绩效考核、企业例会、销售服务现场、管理人员处理日常工作的情景录制成录像，提供给学生观摩讨论，让学生通过模仿从中学习实际做法和经验或者发现问题。

行为模仿的方法可以提高学生的人际交流技能和管理技能，因此，可广泛应用于工商管理类专业课程如《管理学》《人力资源管理》《市场营销》《公共关系》等课程的教学中。

⑤项目设计教学法

项目设计教学法是一种让学生综合运用所学知识和方法，亲自动手完成某一实际或模拟的项目设计，并撰写设计报告的实践教学形式。在工商管理专业，可以安排学生根据有关方针、政策、法律、法规和企业管理的实际需要设计企业人力资源管理制度、内部控制制度、市场营销方案、财务管理制度等。这种形式的实践教学项目可以一人独立完成，也可以由教师对学生进行分组，由项目小组完成。如有可能，可以与具体企业相结合，结合企业的需要进行项目设计。如在校内完成，教师一般只提出目标和要求，没有固定的模式和答案；如与企业结合，应考虑企业的实际对学生的项目设计工作提出具体要求。

（2）课堂外的体验教育设计

①企业参观实习

为了开拓学生视野，了解企业实际，带领学生去著名企业参观，让学生直观地感受企业管理的现场，与企业工作人员交流，使学生更清楚地了解自己专业学习的内容。另外，参观的时间可以安排在学生没有课时的时间或者休息日，可组织学生深入企业，了解企业的运作方式，直观地感受企业生产现场管理状况，感受企业实际工作的氛围，将感性认识上升为理论分析，培养学生的观察、判断和分析能力。

②综合案例分析、企业调研以及社会调查实训

通过综合案例分析，让学生综合、全面、灵活地运用生产管理、市场营销、财务会计、人力资源管理、战略管理等相关知识对案例中提出的问题进行综合分析或发现案例中尚未提出的问题并找出解决方案，使学生能将所学的专业知识模拟运用到案例分析中去，达到训练并提高学生的分析、判断和综合运用知识能力的目的，培养团队合作的精神，为进一步学习专业知识打下基础。

通过企业调研，使学生对企业的全方位管理有着基础认识和了解，熟悉企业管理的环境和各项管理工作的基本内容，增强对企业的感性认识，同时提高学生运用专业知识解决问题的能力，在一定程度上提高学生的专业知识水平。

通过社会调查，使学生思考制定计划、安排调查进度、安排不同成员的角色分工、进行调查结论的分析以及最终达到调查目标等一系列问题，且可以提高学生的参与意识、创新精神和专业知识的运用能力。

③综合模拟实验训练

培养企业经营管理人才的工商管理专业的综合模拟实验训练是在模拟与虚拟相结合的市场中，由学生经营模拟企业，并进行阶段性评价。

学院已经购置完整的用友 ERPU8 软件，同时也购置了物理沙盘，但是由于团队师资能力比较薄弱，因此模拟实验部分并未能较好地开展，学生积极性较低。因此，开设企业 ERP 实践与沙盘模拟创新实验课程非常必要。在实验

训练中，学生综合运用经济学、管理学、企业战略管理、市场营销、生产运营、公司理财、会计学、行政管理、税收实务、经济法规、公共关系、广告实务等各门学科的知识并进行有效整合，对模拟企业从筹融资到资金分配，从工商注册到照章纳税，从企业战略到生产运营的全过程进行实训，强化学生市场经济意识，培养企业经营所需的各种能力。

（3）体验教育的综合设计

①毕业实习

学校通过各种渠道与企业建立直接联系，让企业以招聘员工的方式，通过笔试与面试将实习生招入企业。在实习期间，实习生与企业之间的关系是企业与员工的关系。学校指导教师根据实习大纲和计划进行指导，企业也通过指定相应的指导人员对实习生进行指导和考核，这种方式实际是将学生的实习时间与企业员工的试用期相结合。在实习期间，企业通过考核可以从实习生中选择其认为满意的实习生，实习生亦可通过实习对实习单位和实际工作有较深入的认识，从而决定是否留在实习单位继续工作。企业与实习生之间通过实习可以互相形成理性的认识，既能有效地解决实习生实习的具体问题，又能节约时间，解决企业与毕业生之间难以有效沟通、毕业生就业难、企业又难以找到满意的员工这一实际问题，从而解决用人单位与毕业生市场之间的信息沟通不畅所造成的两类市场之间转移困难的问题。

另外，学校可继续实施其毕业论文管理制度，即要求学生的毕业设计必须结合地区实际，选题尽可能直接来自于其实习单位，甚至是实习单位急需解决的问题，以加强学生的自律性及提升其理论结合实践的综合分析能力。

②毕业设计

工商管理专业的综合实践最终应体现于学生毕业论文的设计上。毕业论文是教学的最后一个环节，其目的在于总结专业学习的成果，培养学生综合运用所学知识解决实际问题的能力，其本身也是一个再学习及提高综合素质的过程。学生从选题、确定开题报告及最终论文形成、答辩等过程需主动思考，并以结合地区实践为主，以理论分析地区发展实际，在不断的写作过程中，学生对专业知识将会有更深入的理解。

（4）体验教育与实践教学的比较

体验教育和实践教学都属于教学方法范畴，出发点相同，都强调以实践为基点，以学生为主体，让学生在实践中有所收获和提高，强调一种互动。

但体验教育与实践教育又存在不同，具体表现于：第一，所在领域不同。体验教育更多地强调心理学方法的应用；而实践教学则侧重于教学管理手段的多样化。第二，因目标不同而使二者产生的教学效果有所差异。体验教育为关注体验的主体性发展，每一位学生都是一个主体，强调个性化培养；而实践教学则强调通过加大实践教学的力度，使学生能够做到理论与实践的结合。在实践教学模式中，很难保证每一个个体都能主动参与到教学中来，也很难做到能针对每一个体进行个性化培养，使其有所体验、有所提高。

3.学业导师制度的全面推进

根据青海民族大学校教字〔2017〕63号文件"关于印发《青海民族大学本专科生学业导师制实施意见（试行）》的通知"，从2017年秋季学期开始学校开始实施本专科生学业导师制度。

根据该文件学校学业导师要从五个方面对本科生进行指导，包括专业思想教育、学业及选课指导、专业基本书目阅读及设计训练指导、创新实践与科研指导、学业预警帮扶。其中创新实践与科研指导中要求学业导师积极鼓励、指导学生参与创新实践、学术活动、学科竞赛、社会实践，引导学生参与科研项目，支持学生早进课题、早进实验室、早进团队，不断培养学生的创新精神和实践动手能力以及人际交往与团队合作能力。

实施以学业为本位、以学术和创新为导向的学业导师制，给学生提供良好的制度环境和个性化的培养方案。要通过引导他们博览群书并适度参与学术探究，围绕专业领域内一些具体的学术问题，积极进行自主性学习，开展体验式、探索性的学术研究，激发其学术热情，提高其学习能力，强化其创新意识，培养出笃志向学、全面发展的本科学术创新人才。

（五）学生评价的创新

1. 传统的评价模式存在的弊端

（1）评价功能单一。过分强调评价的甄别与选拔功能，忽视了评价的改进与激励功能。常常是通过学习成绩判断学生的优劣。

（2）评价指标单一。过分地看重学生的考试成绩，而忽视对学生学习过程的考察，忽视学生的全面发展，忽视学生的个体差异，特别是对学生的学习能力、学习态度、学习习惯、创新精神更是缺乏重视。

（3）评价方法单一。评价大多以笔试形式进行，以量化的分数来表现，注重横向比较等级、名次，不利于激发和调动学生的学习积极性。

（4）评价主体单一。在学生学习评价中，存在着管理主义倾向，即评价大权都由管理者即教师独揽，学生只是被动接受评价的客体，只能接受来自于管理者——教师的评价和指导。评价流于形式，教师和学生缺乏沟通，学生易对评价活动和结果产生对立、反感、抵触情绪。

2. 学生学习评价方式的创新

（1）评价功能的定位——以激励促改进

对学生学习进行评价的目的在于启发、引导、激励和鞭策学生，而不是区分优劣。因此，评价在于从学生学习过程中，诊断学生成长中存在的问题，找出原因后给予正确的指导，以激励促进学生改进，促进学生发展，真正体现教育是为了学生发展的目的。

（2）评价指标的创新——评价内容多元化

多元智能理论认为，每个人都至少具有七项智能：语言智能、数理逻辑智能、音乐智能、空间智能、身体运动智能、人际交往智能和自我认识智能。不同的人可能擅长不同的智能表现形式。学生之间不存在智能水平高低的问题，只存在智能类型差异的问题。教师应该通过多种渠道、多种方式，对学生进行全面评价，以使每个学生都能通过适合其智能特点的途径，展现自己的才华，发挥自己的潜能。

传统的学生评价主要局限于学生的语言智能和数理逻辑智能方面，这是有失偏颇的。有些学生有各种各样的专长和爱好，但很少或根本就没有充分展示自己特长、体验成功的机会。再加上公众舆论的错误偏见，使得学生可能缺乏自信。

因此，教师必须充分理解学生的情感态度体验，选用恰当、适度的评价标准及有效策略，对学生的自我效能感进行外部强化，在教学中让学生充分参与教学过程，提供表达才能的机会，使每个人都能体验成功。

如管理学课堂中，可通过情景模拟、团队协作的方式完成项目，让语言智能型学生阐述观点；让空间智能型学生设计课件的表现形式；让计算机能力较强的学生制作课件；让交际型学生负责了解竞争对手信息等，并根据不同类型学生表现给予适时的评价，以引导学生用适应自身智能类型的方式来学习，形成具有特色的思考和解决问题的能力。

（3）评价方法的创新

第一，以教育的"增值"评价学生。

重视学习过程分析，提倡纵向比较，使每一个学生都能体验成功。多次的成功体验有助于激活学生内在的学习动机机制，提高自我效能感。

以外语成绩评价为例。如学生大二第一期四级 58 分，未拿到合格证，但相比入校时成绩提高相当大，通过一年的英语学习，词汇量扩大，书面表达水平也有了较大提高，而且知道英语不足正在努力改进。因此，评价等级可以是 A 级。通过这次考试，可以使他明白自己的努力没有白费，有付出就有收获，自信心倍增。显然，"增值"的评价可以充分体现评价的促进和激励功能，保证全体学生都能在原有的基础上得到不同程度的提高与发展。

但是，使用这种方式进行评价，需要制定比较完善的评价体系和评价方法，如果使用不妥，反而会造成教师个人主观因素参与较多，使学生感到有失公平。

第二，绿色评价。

对学生学习进行评价的目的在于促进学生的发展，因此，在评价方法上，应当采用"绿色"的方式，即从爱出发，让学生感受到被爱，营造一个和谐的时空环境，通过正确分析、处理、转化各类矛盾和问题，实现个体的成长、进步。

而不是以粗暴的方法刺激学生，引发学生的抵触情绪。

（4）评价主体的多元化——360度评价法

对学生进行评价的不只是教师，还有学生自己及学生的家长。因此，把学生作为评价的主体，加强自评与互评，使评价成为教师、学生、家长等共同参与的交互活动。多元化的教育评价理念要求学生从被动接受评价转向主动参与评价，这不仅体现了教育以人为本的先进理念，而且使评价信息的来源更为丰富，评价结果更加全面、真实，加强了评价者和被评价者之间的互动，既提高了被评价者的主体地位，将评价变成了主动参与、自我反思、自我教育、自我发展的过程，同时在相互的沟通与协商中，增进了双方的了解和理解，易于形成积极、友好、平等和民主的评价关系，这将有助于评价者在评价过程中有效地对被评价者的发展过程进行监控和指导，帮助被评价者接纳和认同评价结果，促进其不断改进，获得发展。

第六章　基于学科特点的教学模式设计

第一节　工商管理专业的学科特点

一、跨学科性质与综合性

（一）跨学科性质对工商管理的定义

跨学科性质是指工商管理领域与其他学科之间相互交叉、融合的特性，涵盖了跨越多个学科领域的知识、理论、方法和实践。在工商管理中，跨学科性质体现为与经济学、心理学、社会学、技术学科等多个学科的紧密关联，以及通过综合运用不同学科的知识来解决实际商业问题的倾向。这种交叉融合的特性使得工商管理更具全面性、灵活性和创新性。跨学科性质对工商管理的定义可以理解为一种综合性的学科性质，其核心特点包括多学科融合、全面视野、创新应用和实践导向。这种跨学科性质不仅拓宽了工商管理的研究范围，也促进了与其他学科领域的合作与交流，为更全面、更灵活地解决商业问题提供了理论和方法的支持。

（二）综合性特点在工商管理中的表现

工商管理不仅涵盖了经济学、管理学的核心知识，还需要融合法学、心理学、社会学、技术学科等多个学科的知识。在企业运营和管理过程中，需要考虑到众多因素的相互影响，因此对不同学科领域的知识整合显得尤为重要。

工商管理要求从多个维度全面思考问题，包括但不限于经济、社会、文化、伦理等多方面因素。管理者需要具备全局观念，能够综合考虑各种因素对决策的影响，使决策更具可行性和可持续性。

综合性特点要求工商管理的理论和方法能够跨越学科领域的界限，灵活应用于实际商业环境中。这意味着管理者需要具备不同学科领域的知识，能够根据实际情况进行创新性的整合和应用。

（三）跨学科性质对学科发展的影响

跨学科性质促使工商管理领域内部的交叉融合。这意味着不同专业背景的知识在工商管理领域得到了整合，形成了更为全面丰富的理论体系。这样的交叉融合有助于理解和解决实际管理问题，提升了工商管理领域的理论水平和实践能力。

跨学科性质推动了工商管理与其他领域的密切合作。与科学、技术、工程、数学等领域的交叉合作有助于将先进技术和方法引入管理实践，推动数字化和智能化在工商管理中的应用，提高决策效率和管理水平。

跨学科性质拓展了工商管理领域的研究范围。通过与社会学、心理学、文化学等学科的合作，工商管理领域能够更全面地考察组织文化、员工心理健康等方面的问题，使研究更贴近实际，更具综合性。

二、商业运作的复杂性

（一）商业运作复杂性的本质与原因

商业环境的多变性是导致商业运作复杂性的根本原因之一。全球经济、科技、政治等方面的快速变化不断影响着企业的经营环境，要求企业不断调整战略、适应市场需求变化。这种多变性使得企业在运作中需要灵活性和应变能力，增加了运营的复杂性。

组织结构的复杂性也是商业运作复杂性的重要来源。随着企业规模的扩大和国际化发展，组织结构变得更加庞大和多层次，涉及到不同职能部门、团队以及全球范围内的分支机构。这种复杂性需要企业建立高效的组织协调机制，以确保各部门之间的协同运作。

市场的不确定性也是导致商业运作复杂性的原因之一。消费者需求、竞争格局、法规政策等因素的不断变化，使得企业在制定运营计划和决策时面临较大的不确定性。企业需要通过灵活的战略和敏锐的市场洞察力来适应这种不确定性，增加了运营的挑战难度。

运营过程中的多重挑战也是商业运作复杂性的重要组成部分，这包括供应链管理、人才招聘与培养、技术创新等多个方面的问题。企业需要在这些方面取得平衡，以确保运营顺畅和获取效益。

（二）复杂性对工商管理决策的挑战

商业运作的复杂性因素具有多样性、相互依赖性和动态性，这使得决策环境充满了不确定性和变动性，因此，管理者必须具备高度的应变能力和战略洞察力。

与此相关，信息的获取与处理成为一个复杂性因素。大量、多元、分散的信息需要及时被管理者获取、整合和分析，以支持决策制订，这要求管理者具备对信息进行有效过滤和评估的能力，确保从海量信息中获取关键内容。

复杂商业运作的组织结构常常呈现出多层次和多元部门的特点，这导致了决策的多层次性。管理者在这种情况下需要协调各层级的决策者，确保整个组织协同一致地朝着共同目标前进。

（三）如何培养学生应对商业复杂性的能力

培养学生应对商业复杂性的能力需要从多个方面入手。

培养内容有：系统思维培养，跨学科知识融合，实践项目参与，团队协作培训，信息获取与分析技能，决策模拟与训练，创新与逆境应对。通过这些培养，将使学生更好地适应商业环境的复杂性，成为具备综合素养的商业管理者和决策者。

三、商业伦理与社会责任

（一）商业伦理在工商管理中的地位与作用

商业伦理是企业文化的核心，它构建了企业的价值观和行为准则，引导着员工在商业环境中如何处理事务，塑造了企业的品牌形象。商业伦理是企业可持续经营的保障。通过遵循伦理规范，企业能够建立起与各利益相关者的信任关系，维护企业的声誉和社会地位。商业伦理是企业决策的指南。在面临各种商业决策时，遵循商业伦理规范可以帮助企业领导者做出符合社会期望和法律法规的正确决策。商业伦理是推动社会责任的动力。企业作为社会的一部分，有责任为社会做出积极的贡献。通过践行商业伦理，企业能够更好地履行社会责任，参与社会发展和公益事业。

总的来说，商业伦理在工商管理中既是价值观的体现，也是企业长期发展的基础。在复杂多变的商业环境中，商业伦理的重要性不断凸显，对于企业的成功和可持续发展至关重要。

（二）工商管理专业对社会责任的关注

工商管理专业注重培养学生的社会责任意识。专业课程设置和教学内容中，通常包含有关企业社会责任（CSR）、可持续发展和道德经营的知识，目的是使学生在专业发展过程中建立正确的伦理观和社会责任观念。

工商管理专业鼓励学生关注商业决策对社会和环境的影响。通过案例分析、实地考察以及参与社会实践项目等方式，学生能够更深刻地理解商业决策背后的社会责任问题，并学会在实际工作中综合考虑各种因素。

工商管理专业通常强调可持续经营的理念，这包括关注企业的环保、社会和公司治理（ESG）问题，培养学生在管理中兼顾经济效益、社会责任和环境可持续性的能力。

（三）商业伦理对学生职业素养的影响

首先，商业伦理有助于塑造学生的专业道德品质。在商业领域里，面对各种经济利益和商业压力，学生通过学习商业伦理，能够深刻理解在商业决策中如何维护公正、诚信和社会价值。这有助于形成正确的商业道德观念，使学生在职业生涯中能够做出符合伦理规范的决策。

其次，商业伦理培养学生的决策能力。商业伦理课程通常涵盖实际案例分析，帮助学生理解伦理决策的复杂性和影响因素。通过深入分析伦理困境，学生将更好地理解如何在商业环境中做出明智的决策、权衡各种利弊和风险。

再次，商业伦理对学生的社会责任感产生积极的影响。学生通过学习商业伦理，了解商业行为对社会和环境的影响，从而激发对社会责任的认知和担当。这种社会责任感使学生在职业发展中更注重企业的社会责任，努力为社会做出积极贡献。

最后，商业伦理对学生培养批判性思维和团队协作能力也有所帮助。在讨论和解决伦理问题的过程中，学生需要运用批判性思维来分析不同的伦理观点，并学会在团队中与他人合作，共同寻找符合伦理标准的解决方案。

四、创新与创业的要求

（一）创新在工商管理中的定义与重要性

创新在工商管理中具有重要的定义和意义。创新被定义为引入新思想、新方法或新产品，以创造新的价值或改善现有的业务过程。在工商管理领域，创新是推动企业成功的关键因素之一。

创新在工商管理中的定义涵盖了不断寻求改进和发展的努力。创新包括产品创新，即开发新产品或服务，以满足市场需求。创新还包括流程创新，旨在提高生产效率和降低成本。管理方法和商业模型的创新也是工商管理中创新的一部分，能使企业更灵活、竞争力更强。创新在工商管理中的重要性体现在促使企业适应变化和应对竞争压力。市场和技术的快速变化要求企业不断调整和更新自己的产品和策略。通过不断创新，企业可以更好地适应变化的商业环境，保持竞争力，并找到新的增长机会。

（二）创新对企业竞争力的影响

创新在工商管理中占据着重要的地位。它不仅仅包括产品和服务的创新，还涉及到组织、管理、市场等多个方面。创新的定义涵盖了引入新思想、新方法、新技术或新流程，以提高效率、满足需求、创造价值的过程。在工商管理中，创新不仅是企业脱颖而出的关键，还是提高效率、满足客户需求、拓展市场的重要手段。

创新对企业的重要性体现在如下多个方面。

1. 竞争优势

创新是企业获得竞争优势的关键。通过不断引入新产品或服务，企业能够在市场中占据领先地位，吸引客户并超越竞争对手。

2. 效率提升

创新不仅可以改进产品或服务，还能够优化生产和管理流程，提高效率。这有助于企业降低成本、增加产出，增强经营的可持续性。

3. 客户需求满足

创新是满足不断变化的客户需求的关键。通过了解市场趋势，企业能够调整产品或服务，更好地满足客户的需求，建立良好的客户关系。

4. 市场拓展

创新使企业能够进入新的市场或开发新的客户群体。推陈出新的产品或服务可以打开市场，创造新的商业机会。

5. 组织文化

创新有助于塑造积极的组织文化，鼓励员工提出新的想法、尝试新的方法。积极的创新文化有助于激发团队的创造力和合作精神。

6. 未来发展

随着时代的变迁和科技的进步，创新是企业适应变化、保持活力并实现长期发展的不可或缺的因素。

第二节　针对学科特点的教学目标设定

一、强调实际问题解决与应用能力

（一）实际问题解决能力的核心要素

实际问题解决能力的核心要素涵盖多个方面。首先，综合分析能力是其重要组成部分，要求成员个体能够全面考虑问题的各个方面，理解问题的本质和复杂性。其次，创新思维是关键要素，促使成员个体在解决问题时能够提出新颖、独特的观点和解决方案。团队合作是实际问题解决中的重要能力，需要成员个体能够有效协作，与他人共同解决复杂问题。实践经验是核心，通过实际操作和经验积累，成员个体能够更好地应对真实世界中的挑战。问题识别与定义是实际问题解决的起点，成员个体需要准确识别问题并清晰定义问题的范围。持续学习意识是关键，因为解决实际问题需要不断更新知识和适应新情境。责任心与执行力是实际问题解决的保障，要求成员个体对问题负责并能够付诸实际行动。这些要素共同构成了实际问题解决能力的核心。

（二）学科特点对实际问题解决能力的影响

学科特点对实际问题解决能力有深刻的影响。在工商管理专业中，学科的特点主要表现在强调实践性、综合性和跨学科性。首先，工商管理强调实践性，注重培养学生在真实业务场景中解决问题的能力，这使得学生在解决实际问题时需要考虑到实际业务运作的方方面面，提高了他们的实际问题解决能力。其次，工商管理是一门综合性强的学科，涵盖了经济、管理、市场、人力资源等多个领域，这就要求学生具备跨学科的知识和综合运用各类知识的能力，在解决实际问题时能够从多个维度出发，更具全局观。另外，工商管理专业注重跨学科性，强调与其他领域的交叉融合，这意味着学生在解决实际问题时可能需要融合不同领域的知识和方法，增加了解决问题的复杂性和难度。上述学科特点共同塑造了工商管理专业学生在实际问题解决中的能力需求和发展方向。

（三）如何通过教学目标强调应用能力

通过教学目标，工商管理专业可以深度强调学生的应用能力。教学目标是教育过程中的指导性标准，对学生的期望和培养方向有着重要的引导作用。有关教学目标的要求如下。

设定明确的实际问题解决类目标。教学目标应具体而清晰，直接关联到学生需要解决的实际问题，这有助于引导学生在学习过程中明确目标，明白他们需要具备何种应用能力。

强调实际案例的运用。将实际案例融入教学目标的设定中，可以使学生在解决问题的过程中更贴近实际业务，提高应用能力。目标可以明确指出学生需要从案例中学到什么知识和技能，从而将理论与实践有机结合。

注重培养学生的创新和实践能力。在教学目标中强调培养学生的创新性思维和实践动手能力，使其能够灵活运用所学知识解决实际问题。这样的目标设定能够促使学生在学习中注重实际操作和实际应用，而非仅仅停留在理论层面。

（四）学生在实际问题中的解决思路培养

鼓励学生多角度思考问题。培养学生综合考虑问题的能力，使之不仅仅看到问题的表面，还要能够深入挖掘背后的原因和潜在的解决途径。通过案例分析等方式，引导学生从多个角度审视问题，形成全面的思考。

提供实际案例和项目实践机会。实际问题解决能力的培养需要结合实际情境进行，通过实际案例和项目，让学生深入参与解决问题的全过程。这种实践性的学习能够激发学生的实际动手能力，培养他们对问题解决的主动性。

注重团队协作和交流。解决实际问题通常需要团队的智慧，通过组织学生参与团队项目，培养他们在协作中的沟通和合作能力。这样的团队协作经验有助于学生从多个角度获取信息，形成更全面的解决思路。

鼓励学生提出创新性的解决方案。在培养学生实际问题解决思路时，要鼓励他们提出新颖的、富有创意的解决方案。引导学生在解决问题时不仅仅局限于传统的思维方式，而是勇于尝试新的方法和观点。

二、培养跨学科思维和团队协作

（一）跨学科思维的重要性与特点

跨学科思维的重要性体现在其能够全面解决问题、促进创新以及应对复杂挑战等方面。这种思维方式超越了传统学科界限，强调不同学科之间的交叉和融合，从而在教育和学科发展中发挥着关键作用。跨学科思维的应用使得问题得到更全面的解决，激发创新思维，同时也能更好地应对那些涉及多个方面、层次和维度的复杂挑战。

（二）如何在课程中培养跨学科思维

在课程中培养跨学科思维的关键在于创造多元化的学习环境和激发学生的探究欲望。整合不同学科的知识、引入跨领域的案例和项目，以及鼓励学生参与实践性的活动，可以促使学生跳出单一学科的思维模式，培养他们关联、整合各种知识的能力。此外，引导学生进行小组合作、开展学科交叉研究、组织跨学科讨论等方式也是帮助他们建立起跨学科的思考习惯的有效手段。这样的教学方法将有助于激发学生的创造性思维，提高他们解决问题的能力。

（三）团队协作对工商管理学科的意义

团队协作在工商管理学科中具有重要的意义。它不仅仅是一种行为方式，更是一种组织文化和管理模式。在工商管理领域，团队协作有着深远的影响。通过团队协作，可以充分体现每个团队成员的专业优势，实现综合能力的发挥。在面对复杂问题时，团队协作有助于激发创新，提出更具前瞻性的解决方案。此外，团队协作提高了组织的整体效能，更高效地完成任务，加速决策过程，提高响应速度。在团队中，不同的成员可能具有不同的领导潜能，通过协作可以培养和提高团队成员的领导才能，为未来的管理层培养储备力量。同时，团队协作有助于建立良好的人际关系，增强团队凝聚力，提高员工的满意度和工作积极性。综合而言，团队协作是推动工商管理学科不断发展和创新的重要因素。

（四）学科特点对团队协作目标的设定

跨学科思维在工商管理学科中具有重要的意义。这种思维方式不仅仅关注于单一学科的知识和方法，更注重整合和应用多学科的知识，以解决复杂问题。工商管理往往涉及到经济、市场营销、人力资源、财务等多个领域，而跨学科思维能够帮助管理者更全面地理解和应对这些问题。通过跨学科思维，工商管理者可以更好地理解不同学科之间的关联性，找到彼此之间的共同点，促进学科之间的交叉融合。

此外，跨学科思维还有助于培养工商管理专业人才更灵活地应对变化。在商业环境日新月异的今天，单一学科的知识和技能可能无法应对复杂多变的挑战。通过跨学科思维，工商管理专业人才能够更好地适应未来商业发展的需要，具备更强的创新能力和问题解决能力。

（五）学生在团队中角色定位与培养

要注重学生个体的特长和优势。每个学生都有独特的专业技能、兴趣爱好或者个人特长，通过合理的角色定位可以充分发挥每个成员的潜力。团队的成功往往建立在充分发挥每个成员的长处的基础上。

要培养学生的领导力和团队协作精神。在团队中，学生需要学会既能够在某些时候担任领导者的角色，带领团队朝着共同目标前进，也要懂得在必要时充当团队的协调者和支持者。培养学生的这种多重角色能力，可以使其更好地适应未来职业发展的需要。

要关注学生的沟通和人际关系能力。在团队中，沟通是团队协作的基础，学生需要学会有效地表达自己的观点，倾听他人的意见，并能够妥善处理团队内部的人际关系。培养学生的沟通和人际关系技能，有助于提升团队的协同效能。

要引导学生树立团队意识。在团队中，个体的表现与整个团队的成就息息相关。学生需要明白团队成功背后是每个成员共同努力的结果，因此要有团队意识，愿意为团队目标而努力奋斗。

三、提升学生的商业伦理观念

（一）商业伦理观念的培养与建构

商业伦理的培养始于学生的道德素养。工商管理专业的学生在接受专业知识的同时，应该注重道德品质的培养，这包括对诚信、责任、正直等价值观的培养，是形成正确的商业伦理观念的基础。教育要注重案例分析，通过实际商业案例的讨论和分析，引导学生思考其中涉及的伦理问题。这样的案例教学能够使学生更贴近实际商业环境，感受商业决策中伦理问题的复杂性，并培养他们分析和解决这些问题的能力。

商业伦理观念的建构需要培养学生的社会责任感。商业行为不仅仅关乎企业自身的利益，还关系到对社会的影响。培养学生在商业决策中考虑社会责任，使他们能够在追求经济效益的同时，兼顾社会、环境和道德层面的责任。

引导学生关注全球化背景下的商业伦理。随着全球商业的不断扩展，商业伦理观念也需要在跨文化、跨国情境下进行建构。培养学生具备全球化视野，理解和尊重不同文化背景下的商业伦理观念，具备在国际商业环境中做出正确伦理决策的能力。

商业伦理观念的建构要贯穿于整个工商管理专业教育过程，涉及到课程设置、教学方法、实践活动等方方面面。通过系统性的培养，学生将逐渐形成积极向上的商业伦理观念，为未来的商业实践奠定坚实的道德基础。

（二）学科特点对商业伦理的挑战

商业目标与伦理原则之间的紧张关系。工商管理专业学科通常以追求经济效益和商业成功为目标，这与一些伦理原则可能存在冲突。例如，在追求最大利润的同时，可能会忽视一些社会、环境或员工权益的伦理考量。

信息不对称引发的伦理困境。工商管理专业领域中信息的不对称性较为普遍，企业可能通过不公平手段获取信息，从而导致不正当竞争、误导消费者等伦理问题。

商业决策中的风险与不确定性。工商管理专业教育常涉及风险管理和决策科学，但在实际商业决策中，因不确定性和风险带来的压力可能导致一些违反伦理原则的行为，例如为了规避风险而掩盖信息等行为。

商业全球化与跨文化伦理的复杂性。工商管理专业通常涉及国际贸易和全球商业，不同文化、法律和价值观的碰撞可能导致伦理观念的多样性和冲突，需要更为复杂和灵活的伦理决策。

科技发展引发的伦理问题。工商管理专业领域与科技的发展如电子商务、人工智能等密切相关。这些新兴技术的应用可能带来隐私泄露、数据滥用等伦理问题，对工商管理专业提出了新的伦理挑战。

（三）商业伦理观念与决策的关系

1. 道德指导决策

商业伦理观念为商业决策提供了道德指引。企业在面临各种选择时，通过考虑伦理价值观，能够更清晰地判断何为正确、何为错误，从而避免发生违反道德规范的现象。

2. 决策的社会责任

商业伦理观念涉及企业对社会的责任感，这直接关系到企业的决策。有了正确的伦理观念，企业在决策过程中更容易考虑社会和环境的可持续性，避免对社会产生负面影响。

3. 利益相关方的权益

商业伦理观念强调关注利益相关方的权益，包括员工、消费者、投资者等。在决策过程中，企业需要权衡各方利益，遵循公正和平等的伦理原则，以确保各方权益得到尊重和保护。

4. 长期与短期决策

商业伦理观念有助于企业在决策过程中考虑长期可持续性。通过关注企业的长远发展，企业可以做出更符合伦理原则的决策，而非仅仅追求短期经济利益。

5. 诚信与透明度

商业伦理观念倡导诚信和透明度，这对企业决策过程至关重要。通过保持透明度，企业可以获得信任，而诚信则是确保企业决策合乎道德和受尊重的基石。

（四）学生商业伦理观念的发展路径

学生商业伦理观念的发展是一个渐进的过程，受到多方面的影响，包括教育、社会环境、家庭背景等。在这个过程中，学生逐渐形成对商业伦理的理解和态度，构建自己的伦理观念。以下是学生商业伦理观念发展的主要路径。

1. 教育引导

学生在学校和教育机构接受相关课程和教育，通过学习商业伦理的理论知识、伦理案例等，建立起对商业伦理的初步认知。教育引导有助于学生形成对伦理原则的基本理解，为后续发展提供基础。

2. 社会观察与体验

学生在社会中通过观察和实践，接触到各种商业实践和行为。这些社会体验让学生更贴近实际问题，理解商业活动中的伦理挑战，同时感知到商业伦理对社会的重要性。

3. 反思与道德意识

通过对商业伦理案例的反思和道德意识的培养，学生开始审视自己的价值观，并思考伦理决策的道德依据。这个过程有助于学生形成对伦理问题的个人看法和态度。

4. 同理心与责任感

学生逐渐培养起对他人和社会的同理心，关注他人的权益和社会公正。通过培养责任感，学生开始认识到商业行为对各方利益的影响，形成对企业的社会责任的关注。

四、培养学生的创新与创业精神

（一）创新与创业精神的涵义与特征

创新与创业精神具有深远的涵义和特征。这种思维和行为方式不仅在商业领域中具有关键意义，而且在社会的各个层面都能够产生积极的影响。创新与创业精神是一种积极的心态和行为方式，体现在对问题的独立思考、新思路的追求以及新颖解决方案的创造性实现上。这种精神具有的涵义和特征，包括寻求变革和突破、勇于冒险和接受失败、注重独立思考和问题解决、鼓励对未知领域的探索、推崇实践和执行、鼓励团队协作和合作、强调市场导向和用户需求。总体而言，创新与创业精神是一种积极向上的思维方式和行为取向，能够推动个体、组织和社会不断进步和发展。

（二）学科特点对创新能力的要求

工商管理专业要求学生具备创新的思维方式，这包括了解和理解商业领域的不断变化，能够从不同角度审视问题，并提出新颖的观点和解决方案。创新思维在战略规划、市场营销、人力资源管理等方面都至关重要。创新能力在业务模式和运营管理方面的应用是必不可少的。工商管理专业的学生需要具备改善业务流程、提高效率的能力，同时能够灵活应对市场变化，发展新的商业模式。对于工商管理专业的学生而言，创新能力也包括领导力和团队协作。在创新的过程中，领导者需要鼓励团队成员提出新的想法，并有效整合资源，推动创新项目的实施。

总体而言，工商管理专业对创新能力的要求体现在对学生全面发展的期望上，涉及到思维方式、业务应用和领导力等多个层面。这种特定的学科特点对创新能力提出了更高的要求，以适应商业领域的不断变革和竞争。

（三）创业精神在工商管理中的体现

创业精神在战略规划中得到了体现。管理者需要具备预见未来、善于抓住商机的能力，敢于制定并实施具有风险的战略方案。创业精神使管理者更加敏锐地洞察市场，勇于面对激烈的竞争。

创业精神在市场营销中发挥作用。在激烈的市场竞争环境下，企业需要创新的市场营销策略，通过差异化和创意性的推广活动来吸引目标客户。创业精神激励企业敢于打破传统，勇于尝试新的推广方式。

创业精神对领导力提出了要求。具有创业精神的领导者通常能够激发团队成员的创造力和团队协作精神，鼓励员工积极参与决策过程，共同推动企业的发展。

总的来说，创业精神在工商管理中的体现贯穿于战略、市场、领导力等多个方面，是推动企业不断创新和发展的重要动力。在现代商业环境中，培养和发扬创业精神已经成为提升企业竞争力的不可或缺的因素。

（四）如何在教学中培养学生创新意识

教师可以通过设计启发性的课程内容和案例来培养学生的创新意识。引入真实的商业案例和成功创新的经验，让学生了解创新对企业成功的重要性，激发他们获得解决问题的独特见解和方法。注重培养学生的跨学科思维，打破学科界限，促使学生在不同领域之间建立关联，从而产生新的创意和观点。通过开设跨学科的课程、组织跨学科的项目或团队合作可以实现上述目标。

教师还可以采用启发式的教学方法，如激发学生的好奇心、提出挑战性问题、鼓励自主学习和独立思考，通过引导学生主动探索知识和解决问题的过程，培养他们发现新思路的能力。

创新意识的培养也需要注重实践和体验。教师可以组织学生参与创新项目、实践活动、实习体验等，让他们亲身感受创新的过程，从而提高创新意识。鼓励学生表达和分享他们的创意，为学生提供一个开放、包容的学习环境。通过组织创意竞赛、展示会等活动，激发学生分享创新想法的积极性，强化他们对创新价值的认知。

五、提高学生的信息获取和分析能力

（一）信息获取与分析能力的重要性

信息获取与分析能力是现代社会中成功职业人士的核心素养之一。随着信息技术的飞速发展，信息已成为获取知识、制定决策的基础。对于工商管理专业的学生而言，他们需要具备从海量信息中筛选、识别、获取关键信息的能力。在商业环境中，市场信息、竞争对手的动态、客户需求等都是需要不断获取和分析的关键信息。这种能力有助于企业制定战略、优化产品和服务，更好地满足市场需求。信息获取与分析能力对于解决问题至关重要。在工商管理领域，经常需要处理复杂的商业问题，这就要求从各种信息来源中获取必要的数据，并通过深入的分析找到解决方案。

（二）学科特点对信息获取与分析的要求

工商管理专业的学科特点对信息获取与分析提出了独特的要求。学生要具备多元知识领域的能力，能跨足市场营销、财务管理、人力资源等多个领域，灵活运用信息解决问题。实时市场洞察是关键，学生要能够迅速获取最新的市场动态、竞争对手举措等信息，以便企业及时调整战略。综合分析与决策是必不可少的一项能力，要求学生整合和统筹灵散信息，为企业高层提供全面决策支持。此外，市场敏感度也是学科特点之一，要求学生快速察觉市场变动，及时进行信息搜集和分析，以把握商机并迅速调整策略。全球化视野方面，工商管理专业要求学生具备对全球市场和国际经济的信息获取与分析能力，包括全球经济趋势、国际贸易政策等。最后，创新意识也是要求之一，学生要具备发现新商业模式和新市场机会的信息获取能力，并通过分析判断其可行性。这些要求使得工商管理专业的学生需要在信息获取与分析方面具备高层次的能力，以适应复杂多变的商业环境。

（三）信息技术对工商管理的支持

信息技术在工商管理领域的支持作用是不可或缺的，它贯穿于各个功能和层面，为企业提供了更高效的运营和决策支持。首先，信息技术改善了业务流程，提高了工作效率。通过使用先进的管理信息系统，企业能够更好地组织和监控内部流程，降低运营成本，提高生产力。其次，信息技术强化了数据的收集和分析能力。企业可以利用大数据分析工具从海量数据中提取有用信息，为决策提供更为准确和全面的基础资料。第三，信息技术加强了企业内外部的沟通与合作。通过使用协同工具、云计算等技术，企业能够更加便捷地进行团队协作，同时加强与供应商、客户等外部利益相关者的联系。此外，信息技术还提供了更为灵活和创新的商业模式。电子商务、移动支付等新兴技术改变了传统商业模式，为企业提供了更多的经营选择和拓展空间。最后，信息技术在风险管理和安全保障方面也发挥了重要作用。企业可以利用信息技术系统对市场风险、供应链风险等进行实时监控，有针对性地采取措施进行防范。综合来看，信息技术在工商管理中的支持作用是全面的，影响着企业的各个层面和环节。

（四）如何通过教学目标提高学生信息能力

通过教学目标提高学生信息能力需要明确一系列目标，以确保学生在信息获取和分析方面得到全面培养。首先，教学目标可以包括培养学生对信息来源的敏感性和选择性。学生应该能够识别各种信息来源的可信度，了解信息的真实性和可靠性，以便在决策过程中做出明智的选择。其次，教学目标应该强调对信息的批判性思考和分析能力。学生需要具备辨别信息中的偏见、错误或缺陷的能力，以确保他们能够得出准确的结论。此外，教学目标还可以包括提高学生利用信息解决实际问题的能力，这需要学生能够有效地整合和应用不同来源的信息，为解决具体业务挑战提供有力的支持。最后，目标还应强调信息的沟通和分享能力。学生需要学会以清晰、简洁的方式向他人传达他们所获得的信息，以促进团队协作和决策过程。通过落实这些明确的目标，可以更有针对性地在教学中培养学生的信息能力，使他们在未来的职业生涯中能够更好地适应信息化的工商管理环境。

（五）实际案例在信息获取与分析中的应用

实际案例在信息获取与分析中的应用是非常关键的，它通过具体的案例展示帮助学生将信息理论与实际情境相结合，促使学生更深入地理解和运用信息。这种方法有助于培养学生的实际操作能力和解决问题的能力。

在信息获取方面，实际案例可以帮助学生学会从多个来源搜集信息，了解信息的多样性和复杂性。通过分析真实案例中的信息，学生能够更好地理解信息背后的含义，学到从大量信息中筛选出关键信息的本领。

在信息分析方面，实际案例的应用使学生能够将所学的信息分析方法应用到具体场景中。通过解决实际案例中的问题，学生能够深入理解信息的价值，掌握信息分析的逻辑和思维方式。

第三节　教学方法和手段的设计

一、项目驱动式学习设计

（一）项目驱动式学习的核心概念

项目驱动式学习的核心概念在于学生通过参与真实项目的方式推动学习过程。这种教学方式注重将理论知识与实际问题相结合，强调学生在解决实际问题的过程中培养综合能力。在项目驱动式学习中，核心概念主要包括问题导向、跨学科整合、合作与团队、实践体验、自主学习以及反思与评估。通过这种学习方式，学生能够适应问题导向学习，综合多学科知识，培养团队协作与沟通技巧，获得实际问题解决的实践体验，促进自主学习和批判性思维，最终通过反思、评估不断提升自身能力。这样的教学方法有助于学生更全面地理解和应用知识。

（二）学科特点对项目设计的影响

项目设计应突出工商管理专业的核心知识与技能。考虑到工商管理的广泛性，项目设计需要涵盖管理学、市场营销、财务管理、人力资源等领域的内容，以确保学生在项目中能够全面发展相关专业能力。

项目设计应强调实际案例与企业界合作。工商管理是一个实践性强的学科，项目设计可以通过引入真实案例、与企业的合作项目等方式，使学生在实际操作中更好地理解理论知识，提高解决问题的能力。

项目设计要充分考虑工商管理专业的跨学科特点。工商管理通常涉及多个学科领域，项目设计可以通过跨学科整合，促使学生在解决实际问题时能够运用多方面的知识，培养综合素质。

项目设计需要关注学生的创新能力和团队协作能力。要鼓励学生提出创新性的项目方案，同时通过团队合作，培养学生的团队沟通与协作技能，使其具备未来在工商管理领域中所需的领导力和协作能力。

（三）如何设计符合学科特点的项目

项目设计应当明确目标和学科要求。项目设计要明确项目的学科背景、目标和预期学科能力的培养，确保与工商管理专业的核心知识和技能紧密关联。

强调实践性和应用性。考虑到工商管理专业的实际应用导向，项目设计要注重培养学生解决实际问题的能力。引入真实案例、模拟企业环境或与实际企业的合作项目，以增强学生的实践经验。跨学科整合是关键因素。工商管理通常涉及多个学科领域，因此项目设计应该通过整合跨学科知识，使学生能够在解决问题时综合运用多学科的理论和方法。

项目设计还应注重团队合作和沟通技能的培养。工商管理往往需要团队协作，项目可以设计成小组形式，通过协作完成任务，培养学生的团队协作和沟通技能。项目设计要鼓励学生的创新精神。通过设定灵活性较大的项目框架，鼓励学生提出新颖的想法和解决方案，培养其创新能力。

（四）项目实施中的困难与挑战

在项目实施中，可能会面临一系列的困难与挑战。首先，资源限制是一个常见的挑战。项目可能受到时间、经费、设备等资源的限制，因此需要在设计项目时充分考虑到这些限制，寻找创新的方式以充分利用有限的资源。

学科知识融合难度也是一个潜在的问题。如果项目涉及到多个学科领域的知识，学生可能会面临知识融合的挑战。在项目实施前，需要提前规划好知识融合的方式，确保学生能够有效整合多学科知识。

团队合作问题也可能出现。由于项目通常以小组形式展开，团队合作是项目成功的关键。但团队中可能出现沟通问题、分工不明确等挑战。在项目实施前，可以为学生提供团队建设培训，帮助他们更好地协作。

实践环境的不确定性也是一个需要考虑的因素。如果项目设计中涉及到真实案例或企业合作，实际环境的不确定性可能会带来挑战。在实施过程中，需要及时调整项目方案以适应变化的情况。

评估难度是另一个需要注意的问题。由于项目通常注重实际操作，评估学生的表现可能相对复杂。设计合适的评估方式，如结合报告、展示、实地考察等多种形式，确保全面评估学生的能力。

学生动力问题也可能影响项目的实施。有些学生可能面对项目时缺乏足够的动力，可能由于对项目的兴趣不浓厚或缺乏实践经验。在项目开始前，可以通过介绍项目的实际应用和潜在影响，激发学生的兴趣。

（五）学生在项目学习中的成果展示

在项目学习中，学生的成果展示是评估其学习和实践成果的关键环节。通过学生在项目学习中的成果展示，可以全面了解他们在解决实际问题、应用学科知识和发展相关技能方面取得的成就。

1.学术报告与展示

学生可以通过学术报告和展示来呈现他们在项目中研究和解决问题的过程。这包括项目的背景、研究目的、方法、结果和结论等方面的详细说明。通过口头和书面的表达，学生能够清晰地介绍他们的研究成果。

2.实际操作与演示

如果项目涉及实际操作，学生可以通过演示展示他们的实际技能和操作能力，包括演示使用特定工具或技术的过程，展示设计的产品或服务原型等。通过实际演示，学生能够直观地展示他们的项目成果。

3.项目文档和报告

学生需要书写相关的项目文档和报告，详细描述项目的背景、设计过程、解决方案、实施步骤等。这些文档可以是书面报告、项目日志、技术文档等形式。通过书面表达，学生能够更全面地展示项目的方方面面。

4.成果产品和作品集

学生可能会创造性地制作出一些成果产品或作品，例如设计的产品、撰写的论文、开发的应用程序等。这些实际的成果可以作为展示品展出，让他人更好地理解和欣赏学生在项目学习中的创造性成果。

5.团队合作与交流

在项目学习中，团队合作和交流也是学生需要展示的重要方面。通过分享他们在团队中的角色和贡献，以及与团队成员之间的协作和沟通方式，学生能够展示他们的团队合作技能。

6. 反思与总结

学生可以通过反思和总结的方式，对项目学习的整个过程进行回顾和评价。这包括对项目中遇到的问题、解决方案的有效性、个人成长等方面的深入思考。通过反思，学生能够更好地认识自己在项目学习中的收获和不足。

二、实地考察与实习项目

（一）实地考察的意义与作用

实地考察是理论与实践相结合的桥梁，能够使学生将在教室里学到的知识应用到实际情境中。通过亲身经历和感受，学生能够更加深刻地理解抽象概念，增进对学科知识的实际运用能力。

实地考察有助于培养学生的观察力和分析能力。在实地环境中，学生需要通过观察和分析来获取信息，理解实际问题，培养解决问题的能力。这种实践中的思考过程对学生认知水平的提升具有积极影响。

实地考察能够激发学生的学科兴趣和热情。通过亲身参与实地活动，学生能更加深入地了解学科的内涵和实际应用，从而激发对学科的浓厚兴趣。这种兴趣的培养对于学科深造和职业规划都有积极的影响。实地考察提供了实践机会，促进学生的实际操作技能和实践能力的培养。在实地环境中，学生有机会亲自动手，进行实际操作和实地调研，培养了动手实践能力，使理论知识更具实用性。

实地考察有助于学生跨学科思维的培养。在实地考察中，学生可能需要综合运用不同学科的知识，进行跨学科思考。这有助于拓宽学生的学科视野，培养他们的跨学科思维能力。

（二）学科特点对实地考察的要求

学科特点要求实地考察紧密结合专业知识，深入实际情境。工商管理专业作为涉及商业和管理领域的学科，要求实地考察既要有深厚的理论基础，又要与实际商业环境相结合，以增强学生对实际管理问题的理解。

学科特点要求实地考察注重数据的收集和分析。在工商管理领域，数据对于决策和分析至关重要。因此，实地考察需要学生具备收集和分析实际数据的能力，以支持他们对商业问题的深入了解。

学科特点要求实地考察强调团队协作和沟通能力。商业管理通常需要团队协作来解决问题和实施决策，因此，实地考察要求学生在团队中协作，培养其团队合作和沟通技能。

学科特点要求实地考察突出创新和实践。商业管理是一个不断变化和创新的领域，因此，实地考察需要鼓励学生在实践中寻找创新解决方案，培养其实际操作能力。

学科特点要求实地考察考虑跨学科的综合性。商业管理往往涉及到多学科的知识，实地考察要求学生能够在跨学科的背景下，综合运用各种知识解决实际问题，培养其跨学科思维能力。

（三）如何规划和组织实地考察活动

在规划和组织实地考察活动时，首先要明确活动的目的和意义。明确实地考察的目的有助于确定活动的重点和方向，确保活动对学生的学科理论知识和实践能力的提升具有明确的导向作用。根据学科特点和课程设置，选择与教学内容紧密相关的实地考察场所。考虑到商业管理专业的广泛性，可以选择与市场营销、人力资源、财务等专业相关的企业或组织作为实地考察场所。设计详细的活动方案，包括考察的内容、流程、时间安排等。确保活动方案既有一定的灵活性，以适应实地考察中的变化，又能够有序地引导学生完成考察任务。制订学生的任务和问题，引导学生在实地考察中有针对性地收集信息和数据。任务和问题可以设计成与企业运营、管理策略等相关的内容，以激发学生的思考和分析能力。组织师生参与，确保考察过程中有足够的指导和引导。老师可以在实地考察中担任导游和解说员的角色，向学生介绍企业的情况、背景和业务模式，并及时解答学生的问题。

（四）学生在实地考察中的体验与反馈

实地考察让学生深刻理解了课堂理论知识的实际应用。通过亲身接触和观察，学生更容易理解企业管理、市场运作等方面的实际情况，加深了他们对专业知识的理解。学生在实地考察中感受到了实际工作环境和氛围。与课堂相比，实地考察提供了更真实、更贴近实际的学习体验，让学生更好地了解企业文化和职业生活。实地考察促使学生主动思考和提问。置身于实际场景中，学生更容易产生问题和疑惑，积极与企业工作人员互动，提高了他们的学习主动性。学生通过实地考察建立了与企业从业者的联系。与企业员工的交流互动为学生提供了拓展人际关系网的机会，也有助于他们更好地规划职业发展方向。实地考察中的挑战和问题也让学生学到了解决实际工作中困难的方法。在面对企业实际运作中的挑战时，学生锻炼了解决问题的能力和团队协作技能。学生对实地考察提出了改进建议，如增加对不同行业的考察机会、加强前期准备工作等，为今后的活动提供了有益的参考。

（五）实地考察与学科知识的整合

实地考察与学科知识的整合是将理论与实践相结合、促进学生深入理解和应用学科知识的重要途径。通过实地考察，学生有机会将在课堂上学到的抽象概念与实际情境相连接，形成更为全面和深入的学科认识。以下是实地考察与学科知识整合的一些方面。

1. 实地考察拓展了学科知识的维度

学生在实地考察中能够接触到更多真实世界中的情境和问题，使得他们对学科知识的理解更为全面。这有助于他们超越课本、理解学科的多个方面。

2. 学科知识在实地考察中得到验证

实地考察提供了一个验证学科知识有效性的机会。学生通过亲身体验，能够确认所学知识在实际应用中的价值和适用性，从而更有信心地运用这些知识。

3. 实地考察激发了学生对学科知识的深层思考

现场观察和实践经验能够激发学生对学科知识更深层次的思考。他们可能会在实地发现问题、挑战和新的现象，从而促使他们深入思考学科的本质和发展趋势。

4.学科知识在实地考察中得到应用

实地考察提供了一个将学科知识应用到实际情境的机会。学生可以通过解决实际问题，应用他们在学科中学到的理论知识，从而提高解决问题的能力。

5.实地考察促进学科知识的交叉融合

在实地考察中，学生可能需要综合运用不同学科领域的知识来解决复杂问题，这有助于促进学科知识之间的交叉融合，培养跨学科思维。

三、团队合作与商业模拟

（一）团队合作在工商管理中的价值

团队合作在工商管理中的价值非常重要，它能够提升工作效率、促进创新和问题解决，同时也有助于提高员工的综合能力、增强员工凝聚力，帮助企业更好地应对复杂的挑战，促进员工个体的职业发展，最终增加企业的竞争力。团队合作不仅是一种组织方式，更是一种推动业务成功的战略选择。通过合作，个体和组织能够更好地应对变化、实现创新和提高整体绩效。

（二）学科特点对团队合作的促进

学科特点对团队合作的促进具有深远的影响。在工商管理领域，合作不仅是一种工作方式，更是一种核心价值和战略取向。首先，工商管理涵盖多个学科，涉及市场营销、财务、人力资源等多个领域，需要不同专业背景的人员协同工作。这种跨学科性质促使团队成员汇聚各类专业知识，用以解决复杂问题。商业环境的不断变化和竞争的激烈程度要求企业高效协同运作。团队合作能够帮助企业更好地应对市场波动、制定灵活的战略，并在竞争中保持灵活性和创新性。此外，工商管理中的决策过程通常需要综合考虑多个因素，包括市场趋势、财务状况、人才管理等。这就需要团队成员之间进行有效的沟通和协商，通过集体智慧达成更为全面和准确的决策。

总体而言，学科特点使得团队合作在工商管理中更加必要和有效，它成为推动组织发展和创新的强大引擎。

（三）如何设计有效的团队合作项目

设计有效的团队合作项目时，需要综合考虑多个因素，以确保项目达到预期的学习和发展目标。要明确项目的学习目标和具体任务，帮助团队成员理解项目的意义和期望达到的成果。要考虑成员的专业背景、技能水平和个性特点，组建多元化的团队，以提供更广泛的观点和创新性的解决方案。在分配角色和任务时，确保每个成员都参与到项目中，发挥其所长，提高团队协同效率。建立有效的沟通机制也是关键，可以采用定期会议、在线平台或其他沟通工具。设定明确的时间表和里程碑，帮助团队成员合理规划工作，保证项目按时完成。同时，提供必要的资源支持，包括信息、技术工具和培训，以确保团队能够顺利完成任务。引入实际案例和问题，以激发团队成员的学习兴趣和动力，使其面对更具挑战性和实际意义的任务。鼓励团队成员提供反馈信息，营造学习氛围，使团队能够从项目中获得经验教训，不断改进团队合作的方式，增强团队合作的效果。最后，设计明确的评估机制，评估团队和成员个体在项目中的表现，包括互相评价、自我评价和教师评价等多维度的评价。通过综合考虑这些因素，设计者可以打造出有挑战性和实际意义的团队合作项目，促进学生的综合素质和团队协作能力的发展。

（四）商业模拟对学科实践能力的培养

商业模拟是一种有效的教学方法，可以帮助学生在模拟的商业环境中培养实践能力。通过商业模拟，学生能够在虚拟的商业场景中应用所学的知识和技能，提高解决实际问题的能力。这种教学方式对学科实践能力的培养有着积极的作用。

商业模拟提供了一个安全的学习环境，让学生在没有真实风险的情况下体验商业决策和管理过程。学生可以在模拟中尝试做出不同的战略和决策，从而增强他们的实际操作能力。商业模拟强调团队协作和沟通，使学生能够在协同工作的环境中培养团队合作的技能。通过与同学合作，学生可以学会有效的分工合作、共同解决问题，这对于未来进入职场是非常有益的。

商业模拟注重实时反馈和总结经验，帮助学生及时发现问题、总结经验教训，从而不断提高商业分析和判断能力。商业模拟通常涉及到跨学科的知识，这促使学生必须综合运用不同学科的知识解决实际问题，从而提高了学科交叉应用的能力。

（五）学生在商业模拟中的学习收获

学生在商业模拟中首先能够锻炼实际问题解决的能力。通过模拟商业场景，他们需要分析和应对真实世界中的商业挑战，从而培养解决问题的实际技能。商业模拟强调团队协作，学生在这个过程中学会了有效的团队合作和沟通。他们学会倾听团队成员的意见、协商决策，并在协同工作中提高团队整体绩效。商业模拟通常模拟真实的商业环境，学生在这个过程中会接触到商业运营、市场推广、财务管理等多个方面的知识，这有助于学生跨学科地应用所学知识，提高综合素质。通过商业模拟，学生还能够提高时间管理和压力化解的能力，在有限的时间内做出决策。模拟商业场景中的竞争和压力，有助于培养学生在真实职场中的应变能力。学生在商业模拟中可能会经历成功或失败，从中学到如何从失败中总结经验教训，不断改进自己的决策和行动，培养了持续学习和改进的意识。

四、学科整合与跨学科教学

（一）学科整合的定义与意义

学科整合是指将不同学科领域的知识、理念、方法和技能相互融合，形成一种更为综合和有机的学科体系。这种整合不仅是学科之间的横向融合，还包括对同一学科内不同分支和领域的纵向融合。学科整合具有深刻的意义，涉及到多方面的教育和知识内容。

学科整合有助于培养学生更全面地构建知识结构和增强综合能力。通过整合不同学科的知识，学生能够更好地理解学科之间的关联性，形成更为完整和深刻的认知框架，这有助于他们更好地应对复杂多变的现实问题。学科整合有助于拓展学科的边界，促进学科创新和发展。学科整合可以打破传统学科之间的界限，激发学科之间的交叉融合和创新，这有助于发现新的知识领域，推动学科的进步和发展。学科整合还有助于培养学生的跨学科思维和解决问题的能力。现实生活和职业领域中的问题往往是复杂多样的，需要学生具备跨学科的思维方式。学科整合能够培养学生运用多学科知识更好地解决实际问题的能力。

学科整合也有助于提高教育的实效性和适应性。在知识爆炸的时代，单一学科的知识体系可能无法满足学生应对未来复杂挑战的需求。学科整合能够使教育更加贴近实际需求，培养更具综合素质的人才。

（二）如何在工商管理中进行学科整合

1. 制定综合性课程设计

开设涵盖多个学科领域的综合性课程，使学生在解决实际问题时能够跨越不同学科的知识边界，这可以通过团队项目、案例分析和模拟业务等方式来实现。

2. 跨学科研究项目

鼓励教师和学生参与跨学科的研究项目，邀请不同学科领域的专家共同合作，这有助于形成更全面的研究视角，提高问题解决的综合性。

3. 引入跨学科教学方法

教师可以采用跨学科的教学方法，如问题导向学习、团队教学等。通过实际案例和项目，帮助学生更好地理解和应用多个学科的知识。

4. 搭建跨学科研究平台

建立一个促进不同学科合作的平台，包括定期的研讨会、交流活动和学术论坛，以促进知识的交流和整合。

5. 整合实践经验

将实习、企业访问和实地考察等实践性活动融入课程中。通过亲身经历，学生能够更好地理解和应用不同学科的知识。

6. 提倡跨领域合作

鼓励学校内部不同学科和专业之间的合作，例如商学院与工程学院、信息技术学院等，促使学科整合的发展。

7. 引入新兴技术和趋势

教育课程应该紧跟工商管理领域的新兴技术和趋势，如人工智能、大数据分析等，这些新技术往往横跨多个学科。

8. 制定跨学科研究方向

学校可以确定跨学科的研究方向，鼓励教师和学生在这些方向上展开研究，促使不同学科的知识得以整合。

（三）学科整合对学生知识结构的影响

1. 综合性知识体系建构

学科整合可以鼓励学生构建更为综合和交叉的知识体系。通过整合不同学科的内容，学生能够超越传统学科边界形成更为全面的学科认知结构。

2. 提升学科间关联能力

学科整合能培养学生对不同学科之间关联性的认知。学生不仅能够理解各学科之间的相互影响，还能够运用多学科知识解决实际问题，提升跨学科的综合能力。

3. 拓展学科深度和广度

学科整合使学生深度挖掘各学科的核心概念，并拓展知识的广度，这有助于学生在某一学科领域有深厚造诣的同时，对其他学科也有一定的了解。

4. 培养批判性思维

学科整合要求学生在整合不同学科知识的过程中运用批判性思维。学生需要评估不同学科观点的合理性，培养独立思考和分析问题的能力。

5. 促进跨学科协作

学科整合鼓励学生在跨学科团队中合作。通过与来自不同学科背景的同学合作，学生能够借助多元化的思维方式解决问题，促进团队协作和创新。

（四）学科整合与跨学科教学的未来发展

1. 跨学科综合体系的构建

未来学科整合将强调构建更为综合和完整的跨学科知识体系，这不仅包括不同学科间的整合，还可能涉及到与其他领域（如技术、社会科学等）的深度融合，形成更为全面的综合体系。

2. 技术与学科的深度融合

随着科技的不断发展，未来跨学科教学将更多涉及技术与学科的深度融合，这意味着学生将要更多地利用先进技术手段进行学科整合，培养数字化、信息化的综合素养。

3. 跨学科问题解决能力的强调

未来跨学科教学将更加注重培养学生的跨学科问题解决能力。学生将不仅学到学科知识，更会通过整合运用这些知识解决实际问题，增强创新思维和实践能力。

4. 全球性挑战与合作

未来跨学科教学将更多关注全球性问题和挑战，鼓励学生跨越国界，与来自不同文化背景的同学协作，共同应对全球性挑战，培养国际化视野。

5. 新兴学科领域的涌现

随着社会的发展，新兴学科领域将不断涌现。未来的跨学科教学将不仅关注传统学科整合，还可能涉及到新兴学科的整合，必须培养学生在未知领域中的适应和创新能力。

6. 个性化学习路径的发展

未来跨学科教学可能更注重个性化学习路径的设计，允许学生根据自身兴趣、能力和目标，选择更为灵活的学科整合方向，推动个性化学习的发展。

第四节　实践性教学模式的构建

一、与企业合作的实践项目

（一）企业合作项目的目标

企业合作项目的目标主要包括培养实际问题解决能力、促进跨学科综合能力、提高创新和创业意识。通过参与这样的项目，学生能够面对真实的业务问题，将理论知识应用到实际情境中，同时在跨学科的背景下整合不同领域的知识，培养跨学科思维和合作能力。参与企业合作项目还可以让学生接触真实的商业环境，激发创新和创业的意识，培养面对未知挑战的能力。

（二）如何寻找和建立与企业的合作关系

寻找和建立与企业的合作关系需要一系列综合性的步骤和策略。首先，进行市场调研，了解企业的需求和行业趋势。建立网络也是关键，可以通过参与行业活动、会议，以及利用社交媒体和专业平台拓展人脉。此外，学校的校友是一个有利的资源，可以借助校友网络寻找潜在的合作伙伴。最后，制订明确的合作计划，确保与企业的合作能够实现共赢。这一系列步骤将有助于建立稳固的合作关系，推动项目的顺利进行。

（三）学生在企业合作项目中的角色与任务

在企业合作项目中，学生扮演着重要的角色，需要履行多项任务。首先，学生可以作为项目团队的一员，参与项目的整体规划和执行阶段的工作。其次，他们可能需要与企业代表进行沟通，了解实际问题和需求。在项目执行阶段，学生可能分工合作，承担不同的任务和职责，如数据收集、分析、方案设计等。此外，学生还需具备团队合作和沟通能力，确保团队协同工作。总体而言，学生在企业合作项目中既是学科专业的实践者，又是团队协作的重要组成部分。这样的角色定位使得学生能够全面发展并增强各方面的能力。

（四）实践项目对学生职业素养的培养

1.实际问题解决能力

在实践项目中，学生需要面对业务上的实际问题，这些问题可能来自于企业的运营、市场竞争等方面。通过解决这些实际问题，学生能够培养批判性思维、创新和解决复杂问题的能力。他们需要分析问题、制定解决方案，并在实践中验证这些方案的有效性。

2.团队合作与沟通技能

实践项目通常要求学生在团队中紧密协作，这涉及到有效的团队合作和沟通技能。学生需要学会倾听他人意见、分享自己的见解，并在团队中协调分工，确保整个项目能够有序进行。这样的实践锻炼有助于培养学生在未来职业生涯中良好的团队协作与沟通技能。

3.实际经验积累

参与实践项目使学生有机会亲身经历真实的业务环境。这种经验对于理解行业内的运作规律、行业趋势和市场需求至关重要。学生在实践中积累的经验将成为他们未来职业发展的有力资本，使他们更容易适应专业领域的挑战。

4.职业责任心

实践项目中，学生会感受到自己在团队中的责任，包括对项目任务的完成、对团队成员的支持等。这种责任感有助于培养学生的职业责任心，使他们更加注重工作质量、团队协作，从而在职业生涯中表现出色。

二、制订实际商业计划

（一）商业计划的重要性

1.战略规划

商业计划是企业制定长远战略的基础，有助于明确企业的愿景、使命和核心价值观。通过商业计划，企业能够建立清晰的发展方向和目标，确保业务在未来能够取得成功。

2. 目标设定与达成

商业计划帮助企业明确定义短期和长期目标，为实现这些目标提供详细计划。通过设定明确的目标，企业能够更好地组织资源、引导团队努力的方向，并监测业务绩效。

3. 投资者吸引

完善的商业计划是吸引投资者的重要工具。投资者通常需要详细了解企业的业务模型、市场机会、财务状况和预测数据，以评估投资的潜在回报和风险。

4. 风险管理

商业计划有助于企业识别和管理潜在风险。通过对市场、竞争环境和内部资源的分析，企业可以更好地应对外部和内部的挑战，降低业务经营风险。

5. 决策支持

商业计划为企业提供决策的基础。在制定重要决策时，企业可以根据商业计划中的数据、分析和目标进行权衡，确保决策符合整体战略和长期目标。

6. 员工沟通与激励

商业计划是向员工传达企业战略和愿景的有效途径。通过让员工了解企业的规划和发展方向，激发员工的工作动力，提高组织凝聚力。

7. 市场定位与竞争优势

商业计划通过市场分析和定位，帮助企业更好地理解目标市场的需求、竞争对手和趋势，这有助于企业制定更有效的市场推广策略，建立竞争优势。

（二）如何设计与制订实际商业计划项目

项目目的和范围的明确是商业计划项目制订的首要步骤。项目的目的可能是内部管理的优化、融资或扩大业务等，这需要明确项目的具体目标和预期结果。项目的范围需要涵盖业务领域、市场规模、产品或服务细节等方面，确保计划的全面性和可行性。

市场分析和定位是商业计划的关键组成部分。通过深入的市场调查，了解目标市场的需求、竞争格局和趋势，有助于制定针对性的业务策略。同时，明确企业在市场中的定位和差异化策略，以突显其在竞争中的优势。

业务模型设计是商业计划中的重要环节，它涉及企业如何创造和提供价值。在业务模型中，需要明确价值主张、客户细分、渠道设计、收入来源和成本结构等要素，以确保企业的商业逻辑清晰可行。

产品或服务规划详细描述了企业提供的产品或服务，包括其特色、功能、定价策略、生产或提供流程等方面。强调产品或服务的独特卖点，以吸引目标客户。

组织结构和团队建设是投资者及利益相关方关注的重点之一。在商业计划中，需要介绍企业的组织结构和团队，明确各部门的职责和关键团队成员的经验与能力，以展示企业的管理实力。

市场推广和销售策略是实现商业计划成功的关键因素。通过制定详细的市场推广和销售策略，包括市场推广渠道、销售目标、推广活动等，企业能更好地吸引客户、提高销售。

财务计划和预测提供了关于企业财务健康状况的重要信息。详细的财务计划包括收入预测、支出预算、现金流量表和盈亏表等，有助于投资者评估企业的经济实力。

风险分析与管理是商业计划中需要充分考虑的方面。通过分析可能的风险，并提供相应的风险管理策略，企业能更好地应对潜在问题。

时间表和里程碑的设计有助于监控项目的进展，确保项目按计划执行。这有助于提高项目的灵活性和适应性，确保项目的顺利实施。

监测和评估机制的设立是为了在项目实施过程中及时发现问题并进行调整，这有助于提高项目的灵活性和适应性，确保项目的顺利实施。

（三）商业计划对学生创业能力的培养

1.创新思维发展

商业计划鼓励学生在市场中寻找差异化和独特性，促使他们锻炼创新思维，这要求学生思考独特的业务理念和提出解决方案，培养他们寻找创新点和破解问题的能力。

2. 市场洞察与分析

制订商业计划需要对市场有深刻的洞察，因此学生需要学习如何收集并分析市场信息。通过深入了解目标市场的需求、竞争格局和趋势，学生培养了分析市场的能力，为有效制订商业计划提供了基础。

3. 商业敏感度培养

商业计划的制定使学生对商业环境更为敏感，能够更好地发现商机、理解市场动态，这有助于培养学生对商业变化的敏感度，使他们更具应变能力和创业机会捕捉能力。

4. 团队协作技能

商业计划通常需要团队协作，学生通过与同学共同制定商业计划，培养了团队协作、沟通和领导技能，这有助于他们更好地适应未来工作中的团队环境，学会有效地与他人合作。

5. 风险管理与决策力

商业计划要求学生全面分析潜在风险，并提供相应的风险管理策略。这有助于培养学生在创业过程中的风险识别和决策能力。通过面对风险并提供解决方案，学生更容易适应商业环境中的不确定性，增强创业时的决策信心。

（四）学科特点在商业计划中的体现

1. 综合运用管理知识

商业计划要求学生综合运用工商管理专业涵盖市场、财务、人力资源等多个方面的管理知识，使学生能够全面理解和应用专业知识。

2. 市场营销与策略管理

工商管理专业强调市场营销和战略管理，商业计划中的市场分析、产品定位、差异化竞争策略等要素突出了专业中的这些重要概念。

3. 财务规划和风险管理

商业计划要求学生进行详尽的财务规划，这与工商管理专业注重财务管理的特点相契合。同时，对潜在风险的分析与管理也强调了专业中的风险管理概念。

4.创新意识与企业家精神

商业计划作为一个创业项目，鼓励学生展现创新意识和企业家精神，要求他们提出独特的商业理念和解决方案，这与工商管理专业培养学生创新思维的目标一致。

5.团队协作与领导力

商业计划通常需要团队协作，这与工商管理专业注重培养学生团队协作和领导力的目标一致。学生需要在团队中有效合作、领导和协调，这反映了专业中的社交技能培养。

6.综合运用学科知识

商业计划要求学生综合运用工商管理专业所学的各个方面的知识，如人力资源管理、市场营销、战略管理等，强调学生能够全面而系统地制订商业计划。

（五）学生商业计划的实际执行与展示

1.学生商业计划的实际执行阶段涉及以下方面。

（1）项目实施与监控

学生需要根据商业计划的具体内容，逐步实施计划中的各项内容。同时，他们需要建立有效的监控机制，以确保项目按照计划进行，及时发现并解决可能出现的问题。

（2）团队协作与沟通

在实际执行中，团队协作和沟通是至关重要的。学生需要有效地协调团队成员，确保每个人明确任务，保持信息流畅，以提高项目的执行效率。

（3）问题解决与调整

在执行过程中，可能会面临各种挑战和问题。学生需要展现解决问题的能力，及时调整计划，确保项目的顺利推进，这体现了学生的实际应变和问题解决能力。

2.学生商业计划的展示阶段包括以下方面。

（1）演示与陈述

学生需要准备有效的演示和陈述，清晰地表达商业计划的核心内容。这要求他们具备良好的口头表达和演示技能，能够吸引观众并让其理解商业计划的关键信息。

（2）问答与辩护

在展示过程中，学生可能会面临评审委员或观众的提问和质疑。学生需要具备应对问题的能力，清晰地回答提问，并有理有据地为他们的商业计划做辩护。

（3）反馈与改进

学生应当善于接受来自观众和评审委员的反馈意见，将其视为提升的机会。在展示后，学生有责任对商业计划进行改进，反映他们对反馈意见的理解和应对能力。

（4）实际成果展示

学生应该通过实际的项目成果展示商业计划的成功与成果——无论是产品原型、市场调研报告还是其他实际产出内容，以证明他们的商业计划不仅是理论上的构想，更是可行的实践项目。

三、模拟企业管理决策

（一）模拟企业管理决策的定义

模拟企业管理决策是一种通过在环境中进行的教学或培训方法，要求学生或从业者在虚拟的企业经营中扮演管理者的角色，进行各种管理决策的制定、执行和评估的过程。这种方法提供了实践机会，让学习者在虚拟的商业环境中应用相关理论知识，从而培养他们在真实业务场景中的管理能力和决策技能。虚拟环境可以是计算机软件、在线平台或商业模拟游戏，角色扮演涵盖企业的各个方面，跨学科整合涉及多个学科领域，包括管理学、市场营销、财务学等。风险管理是一个重要的方面，学习者需要评估和管控风险。实时反馈使学习者能够即时了解他们的决策对企业绩效的影响。团队协作是另一个关键元素，有些模拟环境要求学习者与其他参与者合作，共同决策和管理企业。这种综合性学习方法，使学习者能够在一个全面的环境中理解管理学科的知识，为未来的职业发展提供更为全面的素养。

（二）如何构建模拟企业管理决策项目

1. 明确项目目标

确保明确定义项目的培养目标，包括但不限于领导力、团队协作、战略规划等方面的能力。

2. 选择适当的模拟工具

根据项目目标选择合适的模拟工具，可以是商业模拟软件、在线平台，或者自行设计的商业模拟游戏。

3. 设计跨学科整合

在模拟中融入多个学科的知识，如管理学、市场营销、财务学等，以便学生能够全面理解和应用相关知识。

4. 制定真实场景

确保模拟中的情境贴近真实商业环境，使学生能够在虚拟环境中经历真实的商业挑战，提高解决问题的实际操作能力。

5. 设定复杂性和不确定性

引入一定的复杂性和不确定性，使学生需要在变化和风险中做出决策，培养应对不确定性的能力。

（三）模拟决策对学生管理能力的提升

模拟决策为学生提供了一个安全的实践平台，使其能够在虚拟环境中进行决策实践。在这种情境下，学生可以尝试不同的管理决策，了解每个选择可能带来的结果，而无需担心实际后果，这有助于他们深入了解管理决策的复杂性，并在实践中提升解决问题的能力。

模拟决策通常涉及团队协作，这对学生培养团队合作和领导力至关重要。学生可能需要与团队成员密切合作，共同制定决策方案。这种团队协作不仅有助于提高沟通和协调能力，还培养了学生在领导和管理团队时的技能。

模拟决策还能够锻炼学生的判断力和分析能力。通过模拟场景，学生需要仔细分析信息、权衡利弊，并做出明智的决策，这有助于他们发展独立思考和决策的能力，从而更好地适应未来真实世界的管理挑战。

（四）模拟企业决策在学科实际应用中的体现

模拟企业决策在学科实际应用中体现在多个层面。

首先，它为工商管理专业、管理学等相关学科的学生提供了一个实践操作的平台。通过参与模拟企业决策，学生能够将在学科课堂上学到的理论知识应用到实际问题中，从而更好地理解和掌握这些知识。

其次，模拟企业决策为学生提供了一个模拟真实市场环境的机会。学生在这个虚拟的企业环境中需要面对市场竞争、经济波动等因素，从而学会在复杂的商业背景下做出明智的决策，这有助于培养学生在未来职业生涯中面对真实商业挑战时的应对能力。

此外，模拟企业决策还促使学生培养团队协作和沟通技能。在模拟中，学生通常需要与团队成员紧密合作，共同制定和执行决策方案。这种团队协作经验对于培养学生在职场上的领导力和协同工作能力至关重要。

再者，在学科实际应用中，模拟企业决策也强调了数据分析和信息处理的重要性。学生需要收集、分析和解释大量的信息，以支持他们的决策，这培养了学生在数据驱动决策方面的能力，使他们能够更好地利用信息资源做出明智的决策。

总体而言，模拟企业决策在学科实际应用中不仅有助于学生将理论知识转化为实践能力，还提供了全面培养学生综合素养的机会，为未来职业发展奠定了坚实的基础。

四、产业研究与市场调查

（一）产业研究与市场调查的重要性

产业研究与市场调查对于企业和决策者来说具有极为重要的意义。这两者是制定战略、推动创新、保持竞争力的关键步骤。

　　首先，产业研究有助于全面了解特定行业的发展趋势、结构和关键参与者，包括了解行业的增长潜力、竞争格局、供应链结构以及关键技术和创新。通过深入进行产业研究，企业能够更好地把握市场机会，规划未来发展方向。

　　与此同时，市场调查是对目标市场和潜在客户进行系统性研究的过程。它通过收集和分析市场数据，帮助企业了解目标市场的规模、结构和动态。市场调查还有助于识别潜在客户的需求、偏好和行为，为产品或服务的定位、定价和推广提供关键信息。通过市场调查，企业可以更准确地把握市场需求，降低或规避市场风险，提高产品和服务的市场适应性。

　　产业研究和市场调查相辅相成，共同奠定了企业战略的基石。在竞争激烈的商业环境中，这两者对企业的成功至关重要。它们为企业提供了决策的科学基础，降低了不确定性，并使企业能够更有针对性地制定战略和实施计划。综合而言，产业研究与市场调查的重要性体现在它们为企业提供了深刻的行业洞察和市场了解，为长期成功和可持续发展打下了坚实的基础。

（二）如何设计并组织产业研究与市场调查

　　设计并组织产业研究与市场调查是一个综合性的过程，要确保在获取信息的过程中有组织、有针对性地进行。确定研究目的和范围是至关重要的，这包括明确研究的目标是什么，需要获得哪些信息，以及研究的时间范围和地域范围。制定详细的研究计划和方法。在设计研究计划时，要考虑到数据的采集方式、样本的选择、调查工具的使用等方面。确保研究方法能够全面、准确地获取所需信息，并能够对数据进行有效的分析。在这个阶段，也要评估可能遇到的风险，并制订相应的应对计划。

　　在组织产业研究和市场调查时，需要建立有效的团队和沟通机制。团队成员应具备相关专业知识，并能够协同工作。确保团队了解研究的整体目标，并能够有效地分享信息和协作解决问题。此外，建立定期的沟通渠道，确保研究过程中的信息流通畅，团队成员能够及时了解和解决问题。

　　在实际的数据收集和分析阶段，使用合适的工具和技术是关键措施，这可能涉及到在线调查、面对面访谈、文献研究等多种方法。要确保数据的采集和分析过程符合科学研究的标准，以确保研究的可信度和有效性。

最后，根据研究结果制定综合的报告和建议。报告应该清晰地呈现研究的目标、方法、结果和结论，并提出切实可行的建议。这些建议应该有助于组织制定战略和决策，并进一步指导未来的行动计划。

（三）学科特点对研究与调查的影响

首先，自然科学与社会科学在研究与调查上有着显著区别。自然科学更注重客观、实验性的方法，通常需要在受控环境中进行实验。相比之下，社会科学更注重个体和群体的行为、态度和社会结构，进行的研究常常会用到调查问卷、访谈等方法。这种差异导致了不同学科在数据采集和分析上的方法论上的不同。

其次，学科的复杂性和专业性也会影响研究与调查的难度。一些学科可能涉及到多学科的交叉，需要综合运用不同领域的知识，这就要求研究团队具备跨学科合作的能力，以全面解决问题。同时，某些学科可能需要对特定领域的专业知识有更深入的了解，这对研究者的专业素养提出了更高的要求。

最后，人文学科与自然科学在研究对象和方法上存在差异。人文学科通常关注文化、语言、历史等人文因素，研究方法可能更加倾向于文献研究和理论分析。而自然科学更注重实证研究，通常需要进行实验和数据采集。

（四）产业研究与市场调查对学生实际洞察的促进

产业研究与市场调查在学生中产生实际洞察的促进作用是显著的。这种促进作用主要体现在学生能够通过参与实际的研究和调查活动，深入了解产业和市场，培养实际应用能力。

学生通过参与产业研究能够深入了解特定行业的运作和发展趋势。他们将理论知识应用于实际情境，了解产业结构、竞争格局、创新方向等方面的实际情况，从而形成对产业内部机制的深刻理解。

市场调查使学生能够与潜在客户或市场真实互动，了解他们的需求和行为。通过实地调查、访谈或问卷调查，学生能够收集真实的市场反馈，理解目标市场的特点，识别市场机会和潜在挑战。

学生在研究和调查过程中需要分析大量的数据，培养数据分析和解释的能力。这种能力在实际工作中做出决策和提出战略建议时是至关重要的。

（五）某学生在研究与调查中的经验与心得分享

在参与产业研究与市场调查的过程中，我深刻体会到了学习与实践相结合的重要性。首先，通过实地研究产业，我不仅仅是在纸上得来了理论知识，更是通过观察、访谈和数据收集深入了解了产业的实际运作，这让我对所学的知识有更加深刻的理解，也更加具备了实际应用的能力。

参与市场调查的经验让我意识到，理论知识的应用需要结合市场的实际情况。通过与潜在客户的交流，我更好地了解了他们的需求和期望。这种直接的市场反馈使我能够更有针对性地调整我们的产品或服务，以更好地满足市场需求。与此同时，数据分析的过程使我深刻认识到数据在决策中的重要性，也培养了我的数据分析能力。

在团队协作方面，我学到了如何与团队成员有效沟通、协调分工。每个人都在自己的专业领域和根据自己的能力做出贡献，大家共同努力形成了一个高效的团队。这让我认识到，在实际工作中，团队协作是推动项目成功的关键。

五、参与商业竞赛与创业大赛

（一）商业竞赛与创业大赛的意义与益处

商业竞赛与创业大赛在当今商业和创业环境中具有重要的意义和多方面的益处。

首先，这类比赛为参与者提供了一个运用知识和技能的实践平台，通过实际问题的解决，帮助学生将理论学习与实际应用结合起来。这种实践性的学习能够深化学生对商业和创业领域的理解，培养实际操作的能力。

其次，商业竞赛和创业大赛是促进创新和创意的有效途径。参与者需要面对现实的商业挑战，提出创新性的解决方案，推动思维的拓展和创新精神的培养，这对于培养未来企业家和领导者的创业精神至关重要。

此外，参与商业竞赛和创业大赛还有助于增强学生的自信心。通过在比赛中展示自己的想法和团队的成果，学生能够锻炼演讲和表达能力，以及在公共场合自信地展示自己的能力。

同时，这类比赛还提供了与业界专业人士和企业领导者互动的机会。学生有机会结识潜在的导师、投资者或合作伙伴，拓展自己的人脉圈，获取实际行业经验和建议。

最重要的是，商业竞赛和创业大赛为优秀的创意和商业模型提供了获奖和资助的机会，这不仅为参赛者提供了一定的奖励，还可能成为他们推动创意项目的实施和未来事业发展的契机。

（二）鼓励学生参与商业竞赛与创业大赛的措施

提供全面的信息和宣传。学校和相关机构可以通过各种途径，如课堂宣传、校园广告、社交媒体等，向学生传递商业竞赛与创业大赛的信息，详细介绍比赛的目标、规则、奖励等，让学生了解到参与的机会和潜在收益。

组织启发性的讲座和培训。邀请成功的企业家、创业导师或前一届比赛的优胜者来学校进行讲座和培训，分享他们的创业经验和成功故事，这能够激发学生对商业竞赛和创业大赛的兴趣，同时为学生提供实际操作的指导。

设立奖励机制。通过设立奖学金、创业基金、实习机会等奖励，激励学生投入更多的时间和精力参与商业竞赛和创业大赛。奖励可以是金钱上的支持，也可以是提供资源、导师辅导或进入创业生态系统的机会。

建立商业竞赛和创业大赛的社群和平台。为学生提供一个交流和合作的平台，促进他们分享创意、组建团队，并获得来自其他参与者的反馈。这样的社群可以在学生中形成创业氛围，增加参与社交和团队的合作体验。

（三）商业竞赛对学生创新能力的锻炼

商业竞赛要求学生能够独立思考和解决问题。在面对复杂的商业挑战时，学生需要发挥创造力，提出独特的解决方案。这种独立思考和解决问题的过程是创新能力的基石。通过商业竞赛的锻炼，学生能够逐渐培养出更为独立、敏锐的思维方式。商业竞赛通常要求团队合作，这对于培养学生的团队协作和创新合作能力至关重要。在一个团队中，学生需要充分发挥各自的优势共同面对挑战、协同解决问题。通过这样的合作，他们可以在团队中激发创新思维，共同推动项目的成功。

商业竞赛的评审通常会注重创新性和可行性。学生需要结合实际市场需求和商业环境，提出不仅有创意而且能够实施的解决方案。这种对可行性的要求使得学生在创新的同时也要考虑到商业的实际操作，可以培养他们将创意转化为实际价值的能力。商业竞赛的过程本身就是一个不断尝试、失败、再尝试的循环。在这个过程中，学生需要从失败中吸取教训，不断优化和调整创新方案。这种经验对于培养学生的韧性和对挫折的适应能力同样至关重要。

（四）学科特点在商业竞赛与创业大赛中的体现

工程与技术类竞赛通常注重能解决实际问题的创新技术和工程方案。学生需要展现对技术应用的深刻理解，提出具有可行性的解决方案。这类竞赛通常强调团队合作，因为工程项目通常需要多学科的专业知识和技能协同合作。

商业与管理类竞赛侧重于学生在商业环境中的创新能力和商业思维。学生需要展示对市场趋势、战略规划和商业模型的深刻理解，以及对组织管理和领导力的实际应用。这类竞赛可能要求学生分析财务数据、制定营销策略，从而锻炼他们在商业决策方面的能力。

科学与研究类竞赛通常侧重于学术研究和科学实验。学生需要展示对科学原理的理解，通过研究提出新颖的科学问题和实验方案，并有效地解释实验结果。这类竞赛强调学生对科学方法的掌握，培养他们独立研究和创新思维的能力。

第七章　现代教学技术在工商管理中的应用

第一节　在线教育平台

一、在线教育的定义与特点

（一）在线教育的概念

在线教育是一种通过互联网和数字技术进行教育的模式，它不依赖于传统的课堂面授形式，而是利用网络平台和工具，将教育内容传递给学习者。这一概念涵盖了广泛的教育形式，包括远程教育、虚拟学习、电子学习等，旨在突破时空限制，提供更加灵活和便捷的学习体验。

在线教育通过互联网技术实现师生之间的信息传递和互动。学习者可以通过电脑、平板电脑或智能手机等设备，连接到在线教育平台，获取教材、观看教学视频、参与讨论和完成作业。这种灵活的学习方式使得学习者能够按照自己的时间和地点安排学习，提高了学习的便捷性和个性化。

在在线教育的框架下，教育资源不再受到地理位置的限制，学习者可以跨越时空，获取来自世界各地的高质量教育资源。这有助于促进教育的国际化，让学生接触到更广泛的知识和文化。

（二）在线教育的主要特点与优势

在线教育是一种具有灵活性和便捷性的学习模式，不受地理位置和时间的限制，使学习者能够根据个人时间表和地点选择学习内容，体现真正的灵活性。

这种学习模式还提供了个性化学习的功能，根据学生的兴趣、水平和学习风格推荐相应的课程和资源，满足个性化学习需求。同时，在线教育利用多媒体技术，通过图像、音频和视频等呈现生动、直观的学习内容，提高学习效果。

除此之外，在线教育注重互动性和社交性，学生可以通过在线平台参与讨论、交流意见，与教师和同学建立互动关系，形成学习社群。该模式还提供即时反馈的功能，通过测验和评估工具，学生能够立即了解自己的学习水平，教师也能及时调整教学策略。在线教育可以形成广泛的学科覆盖，从语言、科学到艺术等，为学习者提供广泛的选择。

在线教育降低了学习成本，学生无需承担传统课堂教学的交通、住宿等费用。此外，该模式能够不断更新教育资源，使学生接触到最新的知识和发展动态。通过在线学习，学生能够获得全球范围内认可的证书和学历，提升职业竞争力。这些特点共同推动了在线教育的普及和发展，为学生提供更多选择和机会，也使得教育更具包容性和灵活性。

（三）不同类型的在线教育平台概述

不同类型的在线教育平台呈现多样化的形态，为学习者提供了广泛的选择和适应不同学科、水平和学习目标的机会。

综合性在线教育平台通常涵盖各种学科，提供从初等教育到高等教育的全方位课程。这种综合性平台包括 Coursera、edX 和 Udacity 等，它们与全球多所知名大学和机构合作，提供高质量的在线课程，涵盖科学、技术、工程、艺术和数学等多个领域。

专业性在线教育平台专注于某一领域或专业，为学生提供更加深入和专业的学习体验。例如，Lynda（现在是 LinkedIn Learning）专注于提供职业技能培训，而 Codecademy 则专注于编程技能的在线学习。这些专业性平台通常由相关领域的专业人士和机构支持，旨在满足学生在特定领域的深度学习需求。

一些大学和学术机构也独立建设在线学习平台，将他们的课程和学科专业知识以开放的形式分享给全球学习者。这种模式促使了开放教育资源（OER）的发展，使学生能够免费获取高质量的学术资源。

（四）在线教育对学生学习方式的影响

在线教育对学生学习方式产生了深远的影响。

在线教育打破了地理和时间的限制，使学生能够随时随地获取教育资源。学生可以根据自己的节奏和时间安排学习，不再受到传统教室学习的时间和空间限制，提高了灵活性和自主性。

在线教育推动了个性化学习的发展。学生可以根据自己的学科兴趣、学习进度和学习风格选择合适的课程和教材。这种个性化的学习方式有助于满足学生多样化的学习需求，提高学习的效果和兴趣。

在线教育还促进了学生间的全球性交流与合作。学生可以通过在线平台与来自世界各地的同学进行互动、分享学习心得，形成国际化的学习社群。这有助于拓宽学生的视野，增强跨文化沟通和合作的能力。

在线教育注重实践性学习，通过案例分析、项目实践等方式培养学生解决实际问题的能力。这种学习方式更贴近职业需求，使学生在学习过程中既能获得理论知识，又能锻炼实际应用的能力。

（五）在线教育的未来发展趋势与挑战

在线教育的未来发展趋势与挑战呈现复杂而多样的面貌。

随着科技的不断进步，虚拟现实（VR）和增强现实（AR）等新技术的应用将进一步丰富在线教育的形式。学生可以通过沉浸式体验更好地参与学习，促使知识更加深入和生动。

人工智能（AI）将广泛应用于个性化在线教育。通过分析学生的学习行为和表现，AI系统可以为每位学生量身定制学习路径和内容，提供更贴合其需求的教育资源，提高学习效果。

全球化将推动在线教育资源的国际化。学生可以更容易地获得来自世界各地的高质量教育资源，拓宽学科领域，增加跨文化交流与合作的机会。

在线教育也面临一系列挑战。首先是技术安全与隐私问题，随着在线教育规模的扩大，保障学生信息的安全性成为亟待解决的问题。其次是教育资源的质量和真实性，如何确保在线教育的资源能够保持高水平、真实可信是需要认真考虑的问题。

二、MOOCs 对工商管理学科的影响

（一）MOOCs 的定义与基本运作模式

MOOCs 是一种基于互联网的远程学习方式，允许大量学生通过网络平台同时参与课程。这种模式的核心特点在于课程的开放性，任何有网络接入的人都可以参与，无论其地理位置或背景如何。

MOOCs 通常由一组教育者或机构提供，包括教授、讲师、行业专家等。这些教育者通过在线平台分享课程内容，包括视频讲座、阅读材料、测验、论坛讨论等多种形式。

MOOCs 的学习过程强调自主学习和合作学习。学生可以在灵活的时间内自主学习，同时通过在线平台与其他学生交流合作，共同解决问题和分享观点。

MOOCs 通常采用大规模注册的方式，允许成千上万的学生同时注册。这种模式的可扩展性使得教育资源能够覆盖更广泛的学生群体，提高了教育的普及性。

MOOCs 的评估和认证方式多样化，包括自动化的测验、作业评估、同学互评等。一些 MOOCs 还提供证书或学分，使学生在完成课程后能够获得相应的学术或职业认可。

（二）MOOCs 对传统教学模式的冲击

1. MOOCs 打破了时空限制

传统教学通常依赖于地理位置，学生需要在特定的时间和地点上课。而 MOOCs 通过互联网实现了学习资源的全球共享，学生可以随时随地通过网络学习，摆脱了传统教学的时空限制。

2. 个性化学习体验

MOOCs 采用了自主学习和个性化学习路径的理念，学生可以根据自己的

兴趣、学习节奏和水平选择课程内容。这与传统教学中一刀切的教学方式形成鲜明对比，为学生提供了更灵活、更具个性化的学习体验。

3. 教学资源的全球共享

MOOCs 吸引了全球各地优秀教育者的参与，学生可以获得来自世界各地的顶尖专家的授课。这种全球共享的教学资源丰富了学科内容，提高了教学质量。

4. 挑战传统学历观念

MOOCs 的课程通常不要求学生事先具备特定的学历背景，任何对知识有兴趣的人都可以参与。这颠覆了传统学历观念，注重个体学习动机和实际能力的培养。

5. 开放式学习社区

MOOCs 通常提供在线论坛和社区，使学生可以在全球范围内互相交流、讨论和合作。这种开放的学习社区促进了学科交叉和跨文化交流，为学生提供更广泛的学习机会。

（三）学生参与 MOOCs 的体验与反馈

学生参与 MOOCs 的体验与反馈呈现出多样化的情况。首先，学生对MOOCs 的灵活性和便捷性普遍持肯定态度。他们可以根据自己的时间安排和学习需求来选择感兴趣的课程，避免了传统学习中的时间和空间限制。MOOCs提供的多媒体学习资源也让学生感到学习内容更为生动有趣。

学生在 MOOCs 中享受到了全球学术资源的丰富。他们可以接触到来自世界各地顶尖大学和专业领域的教育者，拓宽了学科知识面，提升了学术视野。这种跨文化学习经验让学生受益匪浅。

学生在学习中也反馈了一些问题。其中之一是缺乏面对面的互动和实时反馈，学生可能感到在 MOOCs 学习中缺乏师生互动和同学间的讨论，导致学习的孤立感。另外，由于 MOOCs 的大规模注册，有些学生可能感到缺乏个性化的关怀和指导，难以获得个性化的学术支持。

（四）教师在MOOCs中的角色与挑战

在MOOCs中，教师的角色和面临的挑战呈现多样性。

教师在MOOCs中被赋予更多的导师和设计者职责。他们需要设计吸引人的课程内容，整合多媒体资源，保障课程质量。这使得教师在课程设计和制作方面需要具备更为广泛的技能，包括在线教学工具的应用和多媒体教学设计。

MOOCs中的教师需要更灵活地应对不同文化和学科背景的学生。由于学生来自世界各地，教师需要采用跨文化教学方法，促进全球学术交流。这对于教师的跨文化沟通和教学技巧提出了更高要求。

MOOCs中的教师也面临一些挑战。其中之一是缺乏面对面的互动机会。与传统课堂相比，MOOCs中的教师很难获得学生的实时反馈，而学生也可能感到缺乏个性化的指导。这需要教师通过其他在线手段积极与学生互动，维持学生的学习动力和参与度。

三、在线互动工具的运用

（一）实时在线讨论工具的选择与使用

实时在线讨论工具的选择与使用在教学中具有重要意义。

选择合适的工具要考虑到其易用性和学生的参与度。一些平台可能提供实时聊天、讨论板或在线会议等功能，教师需要根据课程需求和学生群体的特点来合理选择。

工具的使用需要与课程内容和教学目标相匹配。实时在线讨论工具可以用于激发学生的思考、促进同学之间的互动，也可以作为解答问题和讨论复杂主题的平台。因此，教师需要灵活地运用这些工具，以更好地服务于课程的教学目标。

在线讨论工具的选择也应考虑到学生的技术设备和网络环境。工具的界面设计应简洁直观，以确保学生能够顺利参与讨论，不会因技术问题而影响学习效果。

在使用实时在线讨论工具时，教师还应该引导学生建立良好的网络礼仪，鼓励有深度的讨论，避免无效沟通和言语冲突。通过及时的教学反馈，教师可以调整和优化实时在线讨论的过程，提高课堂效果，促进学生的参与和学习体验。

（二）在线投票与问答工具的应用

在线投票与问答工具在教学中的应用为课堂增添了活力。

通过在线投票工具，教师可以迅速获取学生对问题或主题的看法，从而了解整体的课堂氛围和学生的思考水平。这种实时的反馈有助于教师及时调整教学策略，使课程更贴近学生的需求。

问答工具的使用可以激发学生的积极性和参与度。学生可以通过这些工具匿名提问，减轻了他们可能因为担心问题质量而不敢提问的顾虑。这有助于建立开放、包容的学习氛围，促使学生更主动地参与到课堂讨论中。

在线投票与问答工具还能够促进同学之间的互动和合作。在投票和问答的过程中，学生可以分享他们的观点，与同学进行交流，形成良好的学习社区。这种合作性的学习有助于培养学生的团队协作和沟通能力。

（三）利用社交媒体促进在线互动

利用社交媒体促进在线互动为教学注入了更多的社交元素，进一步拉近了学生与教师之间的距离。

社交媒体平台提供了一个开放的交流空间，学生可以在课程相关的社交群组或页面上进行实时讨论、分享观点和经验。这种即时性的互动有助于促进同学之间的交流与合作，形成学习社群。

通过社交媒体，教师可以分享有趣、实用的教学资源，引导学生深入思考和讨论。教师可以在社交平台上发布与课程相关的文章、视频、案例分析等内容，激发学生的学习兴趣，增强他们对课程内容的理解和掌握。

社交媒体还提供了多样化的互动形式，例如评论、点赞、分享等，可以更好地满足不同学生的学习风格和需求。这样的互动形式使学生能够以更轻松、自由的方式表达自己的观点，增强了学习的趣味性和参与感。

社交媒体平台的使用也为跨时区、跨地域的远程学习提供了便利。学生可以根据自己的时间和地点参与在线互动，这有助于解决异地学习者之间的时差和空间限制，提高了学习的灵活性和便捷性。

（四）虚拟团队项目中的在线协作工具

虚拟团队项目中的在线协作工具在促进团队合作、信息共享和项目管理方面发挥着重要作用。

虚拟团队可以通过即时通信工具实现实时的沟通和交流，如在线聊天、语音通话和视频会议等。这有助于团队成员之间快速而直接地沟通和解决问题、分享观点，并保持团队协作的高效性。

项目管理平台是虚拟团队不可或缺的工具之一。通过项目管理工具，团队成员可以协同制订项目计划、设定任务和截止日期，进行进度跟踪，并轻松地共享项目文档和资源。这提高了团队的组织性和协同效率，确保项目按时高质量完成。

在线文档协作工具也在虚拟团队中发挥着重要作用。团队成员可以同时编辑和查看文档，实时反馈意见和修改建议，确保团队在文档的创作和整理过程中能够更加顺畅地合作。

此外，虚拟团队项目还可以利用云存储服务，方便地共享和存储项目所需的各类文件和数据。这样的工具使得团队成员可以随时随地访问项目资料，提高了工作的便捷性和灵活性。

（五）在线互动工具在提高学生参与度中的作用

在线互动工具在提高学生参与度方面具有显著的作用。

通过实时在线讨论工具，学生可以在课堂中即时分享观点、提出问题，与教师和同学进行有意义的互动。这种实时性的交流能够激发学生的思考，增加他们在课程内容中的参与感。

在线投票与问答工具为教学过程引入了一种轻松而生动的互动方式。通过投票，教师可以了解学生对某个问题或主题的看法，而学生也能够迅速表达自己的意见。问答工具则提供了一个学生主动提问和回答问题的平台，促进了学生在课堂上更广泛地参与互动。

利用社交媒体促进在线互动也是一种有效的方式。通过在社交媒体平台上创建专属课程群组或页面，学生可以在课程之外进行讨论、分享学习心得，增强了学生之间的联系和互动。虚拟团队项目中的在线协作工具同样对学生的参与度起到关键作用。学生可以通过协同编辑文档、参与讨论和共享资源等方式，更主动地参与到团队项目中，取得更好的学习效果。

四、学习管理系统（LMS）的优势与劣势

（一）LMS 的功能与基本架构

LMS 的功能主要包括课程管理、用户管理、进度跟踪、评估与测验、资源管理及报告与分析等。

在课程管理方面，LMS 能够帮助机构创建、安排和发布课程内容，确保学生能够方便地访问学习材料。

用户管理功能允许管理员管理学生、教师和其他相关用户，控制其权限和访问级别。

进度跟踪是 LMS 的重要功能之一，通过该功能，学生和教师可以追踪学习进度，了解学生在课程中的表现。

同时，LMS 提供了评估与测验工具，支持在线考试、作业提交等，为教师提供了便捷的学生评估手段。

资源管理方面，LMS 允许机构存储、共享和管理各种学习资源，包括文档、视频、演示文稿等。这些资源能够被整合到课程中，提供多样化的学习内容。

此外，LMS 还提供了丰富的报告与分析功能，帮助管理员和教师分析学生表现、评估课程效果，并做出相应的调整。

LMS 的基本架构通常包括前端用户界面、后端数据库和中间的业务逻辑层。前端用户界面提供了用户与系统交互的界面，使学生和教师能够轻松访问各项功能。后端数据库用于存储用户信息、课程内容、学习数据等重要信息。业务

逻辑层则负责处理用户请求、实现各项功能，并确保前后端的协同工作。

（二）LMS 在工商管理教学中的应用场景

LMS 在工商管理教学中具有广泛的应用。

教师和学生可以通过 LMS 进行课程管理与发布，包括上传教学材料、课件、案例分析等，使学生方便地访问相关内容。

同时，LMS 提供在线讨论和协作平台，促进学生之间的交流与合作，拓展学生的思维，增强团队合作，促进跨文化交流。

学习资源中心是 LMS 的又一重要功能，教师可以集中创建电子书、学术文章、视频讲座等学习资源，方便学生查找和获取所需资料，提高学习效率。

此外，LMS 支持在线测验和作业的创建，实现自动化评估，监测学生学习进度，提供及时反馈，减轻教师评估负担。

学生成绩和进度的跟踪也是 LMS 的优势之一。学生和教师可以随时查看学生成绩和学习进度，增强学生对自身表现的了解，为教师提供有效的管理工具。虚拟商业模拟项目通过 LMS 的实施，让学生在模拟环境中应用理论知识，培养解决实际问题的能力，提高对实际商业运作的理解。

实时互动与在线会议工具的整合使得教师能够进行远程授课、答疑解惑，促进学生与教师之间的及时互动。根据学生的学习表现和兴趣为学生提供个性化的学习路径和建议，更好地满足不同学生的需求。

通过 LMS 收集学生的学习数据，为教师提供实时反馈，有助于及时调整教学策略和课程设计，提高教学效果。

最后，LMS 促进不同学科之间的融合，为工商管理专业的学生提供更全面的知识视角，增强他们的综合素养。通过这些应用场景，LMS 在工商管理教学中为学生提供了更灵活、便捷、个性化的学习体验，同时为教师提供了更多的教学支持和管理工具。

（三）LMS 的数据分析与教学决策

LMS 的数据分析与教学决策是现代工商管理教学中的重要组成部分。通过

LMS 收集的大量学习数据可以进行深入的分析，帮助教师更好地了解学生的学习行为和表现。数据分析有助于识别学生的学科偏好、学习习惯以及潜在的学术问题，为个性化教学提供依据。

在 LMS 中，学生的学习活动、参与度、在线测验成绩等数据都可以被记录和分析。通过对这些数据的深入挖掘，教师可以识别学生的学科偏好和擅长领域，为学生提供更有针对性的指导和推荐课程。同时，对学生参与度的分析有助于评估课程的吸引力，为教学设计提供改进建议。

数据分析还有助于发现学生的学习问题，通过监测学生的在线测验成绩和作业完成情况，教师能够及早发现学生在学习中的困难，提供个性化的辅导和支持。通过追踪学生学习路径，教师可以评估课程的难易程度，调整教学策略，改善教学效果。

此外，数据分析还可以用于评估教学工具和方法的有效性。教师可以分析学生在不同教学环节的表现，了解哪些教学方法更受学生欢迎，从而优化教学设计。通过对学生反馈的数据进行分析，教师还可以及时调整教学内容和形式，提高课程的质量。

（四）LMS 的局限性与未来发展方向

LMS（学习管理系统）在提供全面教学支持的同时，也存在一些局限性。首先，创新性不足，LMS 通常更侧重于提供传统的在线学习支持，创新性和互动性相对有限，对于促进创意思维和实践能力的支持还有待提升。其次，个性化支持有限，尽管 LMS 能够收集学生学习数据，但个性化支持的程度仍然有限，更高级的个性化学习路径和教学建议需要更先进的智能技术支持。另外，技术依赖性是一个挑战，LMS 的有效运作通常需要相对先进的技术基础，而某些地区或学校可能无法充分满足这一条件。最后，隐私与安全问题备受关注，LMS 涉及大量学生数据的收集和处理，确保学生数据的安全和隐私成为使用 LMS 时需要认真考虑的问题。

未来，LMS 的发展方向可能包括增强互动性，发展更具互动性和社交性的 LMS，以促进学生之间的合作、交流和共同学习。引入先进技术，利用人工智能、虚拟现实等先进技术，提升 LMS 的个性化支持和创新性。拓展跨学科内容，将不同学科领域的内容融入 LMS，促进学科之间的交叉学习。注重用户体验，设计更直观、易用、符合用户体验的 LMS 界面，提高教师和学生的使用满意度。强化数据安全，加强对学生数据的隐私保护和安全措施，防范潜在的数据泄露和滥用风险。总体而言，LMS 作为教育技术的一项关键工具，其未来发展需要不断适应教学需求的变化，并不断引入新技术以提升学习体验和效果。

第二节　虚拟实验与模拟教学

一、虚拟实验的概念与应用

（一）虚拟实验与传统实验的区别与联系

虚拟实验与传统实验在实施方式、资源利用和学习体验等方面存在一系列的区别与联系。传统实验通常是在实验室或实际场地进行的，学生通过直接操作仪器、观察现象来获取实验数据。而虚拟实验则是基于计算机技术，通过模拟和模型呈现实验场景，学生可以在虚拟环境中进行操作和观察。

在实施方式上，传统实验强调学生亲自动手进行操作，涉及到物理仪器和实验场地的利用。虚拟实验则通过计算机软件模拟实验过程，学生在电脑上进行相关操作，所以虚拟实验可以在更广泛的地点和条件下进行，无需特殊的实验室设备。

资源利用方面，传统实验需要大量的实验室设备、耗材和场地，并可能受到时间和空间的限制。虚拟实验通过数字化模拟，大大减少了对物质资源的需求，降低了实验成本，并提高了实验的可重复性。

学习体验方面，传统实验强调直观的感官体验，学生能够亲身感受实验现象。虚拟实验则提供了更灵活、交互性更强的学习体验，学生可以在虚拟环境中反复实验、观察，也能模拟一些在传统实验中难以实现的情境。

在联系上，虚拟实验与传统实验都以培养学生实验设计、数据分析和问题解决的能力为目标。虚拟实验的设计往往参考了传统实验的原理，力图在数字化的环境中还原真实的实验场景。虚拟实验也可以作为传统实验的补充，通过结合两者，学生可以获得更全面的实验体验。

（二）虚拟实验的优势与适用范围

虚拟实验具有更广泛的适用范围。传统实验可能受到设备、场地和材料的限制，而虚拟实验则通过计算机技术可以模拟各种实验场景，包括那些在实际实验室难以实现的情境，从而扩大了实验的涵盖面。

虚拟实验具有较低的成本。传统实验涉及到购买、维护实验室设备、采购实验材料以及实验场地的费用，而虚拟实验在数字化平台上进行，大大减少了对物质资源的依赖，从而减轻了实验的经济负担。

虚拟实验提供了更加安全的学习环境。某些实验可能涉及到有害物质或危险操作，而虚拟实验可以在没有真实危险的情况下进行，保障了学生的安全。

虚拟实验还能够提供更灵活的学习体验。学生可以在任何时间、任何地点通过计算机进行虚拟实验，而不受实验室开放时间或地理位置的限制，这为异地学习、远程教育和自主学习提供了可能。

（三）虚拟实验对学生实践能力的培养

虚拟实验提供了模拟真实场景的机会，使学生能够在虚拟环境中进行实际操作和观察，从而增强他们对实验过程的理解。通过这种模拟，学生能够在受控的情境中进行实践，逐步培养实验操作的熟练度。虚拟实验促进了学生的问题解决能力。学生在虚拟实验中可能面临各种情境和挑战，需要运用所学知识进行分析和解决问题，这有助于培养学生独立思考、动手解决问题的能力。虚拟实验强调实验设计和数据分析的重要性。学生在进行虚拟实验时需要制定实验方案、收集数据、进行分析和得出结论，这培养了他们在实验设计和数据处理方面的技能。

（四）虚拟实验与实际业务场景的关联

虚拟实验通过模拟实际业务场景，使学生能够在虚拟环境中进行模拟操作和应对各种情境。这种关联性有助于学生将理论知识与实际应用相结合，更好地理解所学内容在实际业务中的运作方式。

虚拟实验可以提供与真实业务场景相似的情境，使学生能够在虚拟环境中面对实际业务中可能遇到的问题和挑战。通过这种模拟，学生可以更好地理解理论知识在实际业务中的应用，提高他们对业务运作的认知水平。

虚拟实验的关联性有助于培养学生在实际业务场景中的应变能力。学生通过参与虚拟实验，可以体验到在真实业务环境中需要迅速做出决策、解决问题的情境，从而提高其应对复杂业务场景的能力。

二、商业模拟游戏的设计与实施

（一）商业模拟游戏的定义与分类

商业模拟游戏是一种教育性的游戏形式，通过模拟商业环境和决策情境，让参与者在虚拟的商业世界中体验和实践商业管理的各个方面。这种游戏类型通常涵盖了广泛的商业活动和决策领域，包括市场营销、财务管理、团队协作、战略规划等。商业模拟游戏可以分为多个分类，以适应不同的学科和教学目标。

战略模拟游戏侧重于制定长期战略和目标，参与者需要在竞争激烈的市场中制订计划，进行资源配置，并做出战略性的决策，以推动企业的成功。市场模拟游戏注重市场营销和销售方面，参与者需要了解目标市场，设计有效的市场策略以应对竞争，提高产品或服务在市场中的份额。财务模拟游戏则侧重于财务管理和资金运作，参与者需要进行预算规划、财务分析，确保企业的财务健康，并在限定的资源下做出明智的投资决策。

团队协作模拟游戏通过模拟团队合作和领导力情境，参与者需要协同工作、分工合作，解决团队内的问题，以达到共同的商业目标。创新模拟游戏侧重于促进创新思维和解决问题的能力，参与者需要在虚拟环境中面对创新挑战，推动产品或服务的创新和改进。

总体而言，商业模拟游戏通过以实际情境为基础，使参与者能够在模拟中运用商业知识、发展关键技能，并通过失败和成功的体验来深化对商业运作的理解。这种互动性强且贴近实际的学习方法，有助于提升学生在商业领域的实际操作能力和决策水平。

（二）商业模拟游戏在工商管理学科中的作用

商业模拟游戏在战略管理方面可以发挥关键作用。通过参与模拟游戏，学生可以在虚拟环境中制定长期战略和目标，理解战略规划的重要性，学会在不同情境下制定和调整战略，以适应市场的变化。

市场模拟游戏有助于培养学生的市场营销和销售技能。参与者需要了解目标市场、竞争对手和客户需求，制定有效的市场策略，提高产品或服务在市场中的竞争力，从而加深对市场运作的理解。

财务模拟游戏则强化了学生的财务管理能力。通过模拟财务决策，学生可以学会进行预算规划、财务分析，优化资源配置，提高企业的财务状况，培养在真实商业环境中的财务决策技能。

团队协作模拟游戏注重培养学生的团队合作能力和领导力。参与者需要在虚拟团队中协同工作、分工合作，解决团队内的问题，从而提高团队合作和沟通的能力，塑造出色的领导者。

（三）商业模拟游戏设计的基本原则

模拟真实商业环境。游戏设计应当尽可能地还原真实的商业场景，模拟市场变化、竞争对手行为、客户需求等因素，使参与者能够在虚拟环境中面对真实的商业挑战，从而更好地培养实际应用能力。

体现综合性商业知识。设计中应涵盖广泛的商业知识领域，包括战略管理、市场营销、财务管理、团队协作等，以全面培养参与者的综合商业素养，使其能够在多个层面做出决策。

注重参与者体验。游戏设计要吸引参与者，使其在参与的过程中感受到学习的乐趣，通过互动、竞争等元素提高参与者的积极性，激发学习兴趣。

提供即时反馈。游戏设计应当具备实时的反馈机制，及时告知参与者其决策的结果，让他们能够快速了解自己的表现，并从错误中吸取经验教训，不断优化决策策略。

支持多样化的学习路径。考虑到不同参与者的学科背景和学习目标，游戏设计应当支持多样化的学习路径，允许参与者选择适合自己需求的学习方向，提高学习的个性化和灵活性。

（四）学生参与商业模拟游戏的体验

学生参与商业模拟游戏的体验是一个涉及多方面感知和学习的全面过程。首先，学生在游戏中获得的实践经验让他们能够将理论知识应用到实际决策中，从而深化对商业概念的理解。其次，游戏的互动性使学生能够在模拟的商业环境中与同学合作、竞争，促进了团队协作和竞争意识的培养。另外，通过游戏的实时反馈，学生能够及时了解自己的决策结果，加速学习过程。

在商业模拟游戏中，学生通常会面对真实且多变的市场环境，需要做出各种决策应对挑战。这种决策过程激发了学生解决问题的主动性，培养了他们在压力下思考、分析和决策的能力。与传统课堂学习相比，商业模拟游戏为学生提供了更具挑战性和实践性的学习体验。

（五）商业模拟游戏对学生综合素养的影响

商业模拟游戏对学生综合素养的影响是深远而全面的。

通过参与游戏，学生能够全面提升专业知识和实践技能。他们在模拟的商业环境中进行决策时需要面对市场竞争、财务管理等方面的挑战，从而深化对工商管理学科的理解，培养实际问题解决的能力。

商业模拟游戏激发了学生的创造力和创新思维。在游戏中，他们需要不断尝试新的策略、创新产品或服务，以适应变化的市场需求，这培养了学生在实际商业环境中提出创新解决方案的能力，对创业精神的培养尤为重要。

商业模拟游戏强调团队协作和沟通技巧。学生在游戏中通常需要与团队成员合作，共同制定并执行战略，这锻炼了他们的协作意识、团队管理能力和有效沟通技巧，为未来职业生涯中的团队工作打下基础。

商业模拟游戏还培养了学生的分析与决策能力。通过面对虚拟商业环境中的各种挑战，学生需要分析信息、权衡利弊，做出明智的决策。这种训练有助于他们在真实商业场景中更好地应对复杂问题。

三、模拟企业实践项目

（一）模拟企业实践项目的设计与组织

模拟企业实践项目的设计与组织是一项复杂而关键的任务，它需要充分考虑到学生的专业背景、实际操作能力以及团队协作的需求。

项目设计需要紧密结合工商管理学科的核心知识和实际应用，确保学生在项目中能够运用所学理论知识解决实际商业问题。

在项目组织方面，需要有效的团队管理和协作机制。团队成员的分工应该合理，要能够发挥每个人的专业优势，同时培养团队协作的意识。项目组织还需要考虑到时间管理和进度控制，确保整个项目在有限的时间内完成，并能够达到预期的学习目标。

此外，模拟企业实践项目的设计还要注重真实性和复杂性。通过模拟真实的商业环境和情境，让学生能够更好地理解业务运作的全貌，并在处理项目中的挑战时更具有实际应对能力。项目的复杂性应该适度，既要考验学生的综合素养，又要确保他们能够逐步应对各种业务问题。

（二）学生在模拟企业实践项目中的角色

学生可能会被分配到特定的职位，如经理、市场专员、财务分析师等。通过扮演这些职务，学生可以深入了解和模拟真实企业中各个职能部门的运作，培养相关专业技能。学生可能涉及到团队合作与协调。在模拟项目中，团队的协作是至关重要的，学生需要共同努力来完成各项任务，这有助于培养学生的团队协作精神和沟通技能。学生还要担任决策者的角色。他们需要在面对各种商业挑战和问题时做出决策时考虑到公司整体利益，并在项目中实际应用课堂所学的管理理论和技能。在模拟企业中，学生可能还需要扮演客户、竞争对手或供应商等外部角色，以便更全面地理解商业环境中各方利益的交互作用，这有助于培养学生对整个商业生态系统的认知。

（三）模拟企业实践项目的实际问题解决

在模拟企业实践项目中，学生将面临各种实际问题，需要通过深入的分析和创造性思维来解决这些挑战。这些实际问题可能涉及到商业运营的方方面面，包括但不限于市场竞争、财务管理、团队协作等。

学生可能会面对市场营销方面的问题，比如如何定位产品或服务、制定有效的市场推广策略、应对竞争压力等。这要求学生深入了解目标市场和竞争对手，并提出创新性的解决方案。

财务管理方面的问题也是模拟企业实践项目中常见的挑战。学生可能需要面对资金短缺、投资决策、成本控制等问题，通过财务分析和规划来优化企业财务状况。

在团队协作方面，学生可能会遇到沟通问题、角色分工不明确、决策不协调等挑战。解决这些问题需要学生在协作中发挥领导力、改进沟通方式，并确保团队的整体效能。

模拟企业实践项目还可能涉及法律和伦理方面的问题，例如合规性、企业社会责任等。学生需要思考并制定符合法规和伦理标准的经营策略，确保企业在法律和道德层面上运营良好。

（四）企业合作与模拟项目的结合

将企业合作与模拟项目结合是一种有效的教学方法，可以为学生提供更真实的商业体验和实践机会。通过与企业合作，模拟项目得以更紧密地联系到实际商业环境中，提高学生的学科理论运用能力和实际问题解决能力。

在企业合作的框架下进行模拟项目，学生能够直接面对企业的实际挑战和需求，这有助于学生更深入地理解商业环境，并通过实际操作提高商业意识。同时，学生可以从企业合作中获取真实的数据和信息，使得模拟项目更具可信度和实用性。

企业合作为学生提供了与业界专业人士互动的机会。学生可以与企业合作伙伴进行实地访谈，深入了解行业趋势、市场机制和实际运营情况。这种与业界专业人士的交流有助于学生建立实际的商业网络，增进对商业领域的了解。

在模拟项目中，学生可以模拟实际企业运作的方方面面，例如产品开发、市场推广、财务管理等。通过与企业的合作，学生可以更好地理解企业的运作模式，并将模拟项目的成果与企业实际需求相结合，提高解决问题的实用性。

（五）模拟企业实践项目的评估与总结

评估需要考虑学生在模拟企业实践项目中的表现，包括他们在团队中的角色扮演、决策制定、问题解决和团队协作等方面的能力。学生的个人贡献和团队协作对项目的成功至关重要，因此评估应该注重这些方面的表现。

模拟企业实践项目的评估还需要关注学生对商业环境和市场机制的理解程度。学生是否能够准确分析市场趋势、了解行业机制，并据此做出切实可行的商业决策是评估的重要方面，这反映了学生对商业运作的深刻理解和洞察力。

在评估中，还应考虑学生的实际解决问题的能力，这包括他们是否能够采取创新的解决方案应对项目中出现的挑战和问题。实际问题解决能力是商业领域中非常重要的技能，通过模拟项目的评估，可以有效培养学生在实践中解决问题的能力。

模拟企业实践项目的总结需要从多个层面进行。总结项目的整体表现，包括取得的成就、面临的挑战以及取得的经验教训，这有助于为未来的类似项目提供经验参考。

四、虚拟实验室的构建与运营

（一）虚拟实验室的建设与技术要求

在硬件方面，虚拟实验室首先需要配备一定性能和数量的计算机设备。这些计算机设备的性能要足够强大，能够支持运行各种虚拟实验软件，并能够满足学生进行实验时的计算需求。此外，还需要考虑计算机设备的数量，以满足多用户同时进行实验的需求。

在软件方面，虚拟实验室需要配备专门的虚拟实验软件，这些软件能够模拟真实实验环境，提供丰富的实验内容。这些软件通常包括实验设计、数据采集、数据分析等功能，以模拟实际实验过程。此外，还需要安装和配置虚拟机、模拟器等工具，确保实验的准确性和可靠性。

网络是虚拟实验室建设的重要一环。高速、稳定的网络连接是保障学生能够远程进行虚拟实验的前提。这包括学生和服务器之间的网络连接，确保学生在进行实验时能够及时而稳定地获取实验数据，进行实验操作。

在安全方面，虚拟实验室需要采取一系列措施来确保实验数据和系统的安全性。这包括网络安全、数据备份、用户身份验证等方面的措施，以保护学生和教师的隐私和实验数据的安全。

（二）学生在虚拟实验室中的操作与实践

学生首先进入虚拟实验室平台，通过登录系统获得访问权限。一旦进入系统，他们可以选择相应的实验项目，这可能涵盖多个学科领域，包括物理、化学、生物、工程等。选择实验时，学生可以在系统中浏览各个实验的简介、目的、操作步骤等信息，以便做好实验前的准备。

在实验过程中，学生将在虚拟环境中进行各种实际的操作。通过模拟实验器材、调整实验条件、观察实验现象，他们可以深入了解实验的过程和原理。虚拟实验室通常提供丰富的可视化效果，例如动画、模拟图表等，以帮助学生更好地理解实验的内在机理。

学生通过虚拟实验室进行实验操作时，可以进行多次尝试和实验条件的变化，以便更全面地理解实验的多个方面。他们能够观察到实验中可能发生的各种结果，进行数据采集、分析和整理，最终得出结论。这种实验的灵活性和可重复性有助于加深对实验原理的理解。

在虚拟实验室中，学生还可以进行协作实验。通过系统的设计，多个学生可以同时参与同一实验进行讨论和合作，共同完成实验任务，这有助于培养学生的团队协作精神和实际问题解决能力。

（三）虚拟实验室的实时监控与管理

虚拟实验室的建设与技术要求是一个综合性的任务，需要考虑硬件、软件和网络等多个方面的因素，以确保学生在虚拟环境中能够进行有效的实验操作和实践活动。在硬件方面，高性能计算机、图形处理单元（GPU）、交互式设备和虚拟现实设备等都是必要的要素。而在软件方面，虚拟实验平台、各类实验模块、数据分析工具和教学支持工具等都需要综合考虑。此外，高速互联网连接和网络安全机制也是确保虚拟实验室正常运行的重要条件。整体而言，虚拟实验室的建设需要全方位的技术支持，以提供学生一个高效、安全、稳定的虚拟实验环境，以达到传统实验的学习效果。

（四）虚拟实验室与真实实验室的关联

虚拟实验室的设计应尽可能模拟真实实验室的设备和操作过程，这包括使用高保真的三维模型和仿真技术，以还原真实实验室的物理结构和实验设备。通过逼真的图形和交互设计，学生可以在虚拟实验室中进行类似于真实实验室的操作，如设备连接、参数调整等。

虚拟实验室应该提供与真实实验室相似的实验内容和项目。学生在虚拟环境中进行的实验任务应该与传统实验室中的实验内容相对应，以确保他们在虚拟实验中获得的经验和技能在真实实验室中具有可转移性。

虚拟实验室还可以通过实时数据采集和实验结果的模拟来强化学生对实验过程和结果的理解。这有助于建立学生对实验科学的直观认识，尽管他们未亲自在真实实验室中进行操作。

（五）虚拟实验室的可持续发展策略

不断更新技术和平台。随着技术的不断发展，虚拟实验室需要及时采用新的技术手段，以提高模拟实验的真实感和交互性。持续的技术升级和平台更新有助于保持虚拟实验室的竞争力，并能够充分利用新兴技术，如增强现实（AR）和虚拟现实（VR）等。

建立有效的师资培训机制。教师对虚拟实验室的有效使用对于学生的学习至关重要，因此，建立一套完善的培训机制，使教师能够充分了解虚拟实验室的功能、操作和潜在教学应用，对于推动虚拟实验室的可持续发展至关重要。

与行业和研究机构合作。与行业和研究机构建立合作关系，可以帮助虚拟实验室更好地反映实际行业和科研领域的最新发展。这种合作不仅可以提供实际案例和项目，还可以促使虚拟实验室保持与行业和科研前沿的紧密联系。

关注用户反馈并进行改进。持续收集学生和教师的反馈意见，了解虚拟实验室的优点和不足，并根据反馈进行及时的改进，这有助于不断提升虚拟实验室的质量和用户体验。

五、虚拟实验的评价与效果分析

（一）学生对虚拟实验的满意度调查

学生的整体满意度评价至关重要。他们对整个虚拟实验体验的感受将直接反映在这一整体评价中，这包括了他们对使用平台的观感、实验设计以及内容的全面性和实用性的评价。

学生对虚拟实验平台的使用体验和易用性的反馈是调查的关键组成部分。他们对界面设计、操作流程的评价，以及对实验指导的理解程度将直接影响到他们的学习体验。

实验内容的质量也是学生关注的焦点之一。他们对虚拟实验中涉及的具体实验内容的评价包括真实感、教学目标的达成以及与课程内容的契合度。

在交互性和参与度方面，学生的感受将反映在他们对虚拟实验中互动性和参与度的评价上，这直接关系到他们在实验过程中的积极参与程度。

技术支持和教学辅助方面的反馈对于改进虚拟实验平台同样至关重要。学生对平台提供的技术支持、教学辅助工具的满意度，以及对教师在虚拟实验中的指导和辅导的评价都是重要参考内容。

（二）学生在虚拟实验后的学科能力提升

学生在虚拟实验中积累了更为丰富和实际的学科知识。

通过参与虚拟实验，他们能够深入了解和实践相关学科的理论和实际操作，使得抽象的理论知识更加具体和实用。

其次，虚拟实验培养了学生的实际操作能力。通过在线模拟实验的操作，学生能够熟悉仪器设备、掌握实验步骤，提高了他们在实际实验中的操作熟练度，为将来从事相关专业工作打下坚实基础。

在实验设计和分析能力方面，学生在虚拟实验中通常需要参与实验设计、数据采集和结果分析等过程，这锻炼了他们的实验设计和数据分析能力，培养了独立思考和解决问题的能力。

此外，学生通过虚拟实验更容易形成跨学科思维方式。虚拟实验通常模拟真实场景，需要学生综合运用各种学科知识解决问题，这促进了他们的跨学科思维水平的提高和综合应用能力的提升。

（三）虚拟实验与真实实验的对比分析

虚拟实验在实践性方面具有一定的局限性。虽然虚拟实验能够提供一种模拟实验场景的体验，但与真实实验相比，学生在虚拟环境中缺乏对实际仪器设备的操作，这可能使得他们在真实实验中的操作熟练度相对较低。

在资源利用上，虚拟实验相对更为灵活和经济。真实实验可能需要大量的仪器设备、实验材料和实验场地，而虚拟实验通过数字化技术，能够更为便捷地进行，减少了实验资源的浪费。

安全性方面，虚拟实验相对更为安全。在某些实验中，可能存在一定的安全隐患，而虚拟实验通过模拟环境能够降低学生在实验中受伤害的风险，提供更为安全的学习环境。

然而，虚拟实验也存在一些不足。虽然虚拟实验能够提供模拟实验场景，但由于缺乏真实的物理感觉，学生可能无法获得与真实实验相同的直观体验。此外，某些复杂的实验操作和真实实验中可能遇到的问题在虚拟实验中难以完全模拟。

（四）教师对虚拟实验效果的评估

教师需要关注虚拟实验在学科学习方面的效果，这包括学生对相关知识的掌握程度、实验操作技能的提升，以及能否将虚拟实验中学到的理论知识应用到实际问题解决中。通过考查学生在虚拟实验后的学科成绩、实际操作能力和解决问题的能力，教师能够全面评估虚拟实验对学科学习的影响。

其次，教师应当关心学生在虚拟实验中的参与度。虚拟实验具有一定的灵活性和互动性，但学生的参与程度可能因个体差异而有所不同。通过观察学生在虚拟实验中的参与情况、完成实验任务的积极性，教师能够了解学生对虚拟实验的接受程度，并做出相应的调整。

教师还需要评估虚拟实验在教学资源利用方面的效果。虚拟实验相对于传统实验来说，通常可以更为灵活地利用数字化技术和在线平台，减少实验资源的浪费，因此，教师需要评估虚拟实验在资源利用上是否更为高效，是否为学生提供了更多实践机会。

（五）虚拟实验对工商管理专业教学的贡献

虚拟实验丰富了工商管理专业学科知识的传授。通过虚拟实验，学生可以在模拟的环境中进行实际操作，加深对工商管理理论的理解。例如，在模拟企业实践项目中，学生可以通过虚拟操作了解市场营销、财务管理、人力资源等方面的知识，提升他们对专业领域的全面认识。

虚拟实验促进了学生实践能力的培养。通过虚拟实验，学生能够在模拟的实际场景中运用专业知识解决实际问题，提高实践操作的独立性和创新性。这有助于培养学生在未来职业中所需的解决问题的能力，增强其在工商管理领域的竞争力。

虚拟实验为教学方法的创新提供了契机。相较于传统的教学模式，虚拟实验具有更强的灵活性和互动性。教师可以通过虚拟实验创造出多样化的学习场景，提供个性化的学习体验。这有助于激发学生学习的兴趣，提高他们对工商管理专业的学可热情。

此外，虚拟实验还有助于建立学生与实际业务场景的联系，加深他们对专业知识在实际工作中的应用理解。通过虚拟模拟，学生可以更好地理解各个岗位的协同作业，提升团队协作和沟通能力，为将来步入职场做好充分准备。

第三节　大数据分析在工商管理教学中的运用

一、大数据对商业决策的重要性

（一）大数据在商业决策中的角色与意义

大数据在商业决策中扮演着至关重要的角色，其意义深远且广泛。它为企业提供了精确的市场洞察，通过对海量市场数据的收集、整理和分析，企业可以更准确地预测市场趋势，了解消费者需求和行为模式，从而制定更加科学合理的市场策略。同时，大数据还有助于企业提升客户体验，通过大规模的人工智能和机器学习算法，企业可以识别用户偏好，并根据这些偏好个性化推荐产品或服务，从而提升顾客满意度并减少流失率。

在供应链管理方面，大数据分析也发挥着重要作用。企业可以通过分析供应链数据，优化库存管理、物流规划和采购策略，降低成本并提高运营效率。此外，大数据在商业决策中还扮演着风险预警的角色，通过对数据的深入分析，企业可以发现潜在的风险和问题，并及时采取行动来降低潜在损失。

大数据还促进了企业的产品与服务创新。通过对大量历史交易和行为模式进行深入研究，企业能够发现新的业务机会并开发新产品。同时，大数据分析还可以帮助企业了解产品的使用情况和用户反馈，发现产品的优点和不足之处，从而进行产品改进和创新。

（二）大数据分析对企业战略制定的影响

大数据分析改变了信息获取的方式。传统上，企业在战略决策中依赖有限的内部数据和市场研究，而大数据的涌现使得企业能够获取更多来自多个渠道的数据，包括社交媒体、在线交易、用户反馈等，这使得企业能够更全面地了解市场、消费者和竞争对手的行为，为战略决策提供更多元的信息。

大数据分析强化了预测和模拟的能力。通过对大数据进行深度分析，企业可以利用先进的预测模型和模拟工具，更好地了解未来可能的趋势和发展方向，这有助于企业在制定战略时更具前瞻性，能更好地适应市场的变化。

大数据分析提升了决策的科学性。在制定战略时，企业领导层需要面对众多的变量和不确定性，而大数据分析可以通过挖掘数据之间的关联性和趋势，提供更为科学的依据，这使得决策更加客观，降低了盲目性和风险。

此外，大数据分析还推动了个性化战略的制定。通过深入了解每位客户的需求和偏好，企业可以通过大数据精细化的分析，制定更具针对性的市场战略和产品策略。这样的个性化战略更有可能获得市场的认可，提高客户满意度。

（三）大数据对市场营销决策的支持

大数据支持市场细分和定位。通过对海量数据的分析，企业可以更准确地了解不同消费者群体的需求、行为和偏好。这有助于企业将市场划分成更为精细的细分市场，制定更符合目标受众特征的定位策略，提高市场精准度。

大数据支持个性化营销。企业可以通过分析个体用户的行为和购买历史，实现对每个用户的个性化定制推荐、促销和沟通。这种精准的个性化营销不仅提高了用户体验，也增加了用户对品牌的黏性和忠诚度。

大数据强化了市场活动效果评估和优化。在进行市场推广和广告活动时，企业可以通过大数据分析实时监测活动效果，了解用户反馈和参与度，及时调整和优化市场策略，提高投资回报率。

（四）大数据在财务管理中的应用

大数据支持财务数据的实时处理和分析。传统的财务管理往往依赖于批处理和周期性报告，而大数据技术使得企业能够实时采集、处理和分析财务数据，这使得财务部门能够更及时地获取企业财务状况，更迅速地做出决策。

大数据在预测和规划方面发挥了关键作用。通过对海量历史财务数据和市场数据的分析，企业可以建立更为准确的财务预测模型，帮助管理层制定更科学的财务规划和预算，提高企业的财务管理精度。

大数据支持风险管理和欺诈检测。通过对交易数据、供应链数据等多维度数据的实时监控和分析，企业可以更好地识别潜在的风险和异常行为，及时采取预防和控制措施，降低财务风险和欺诈风险。

大数据在成本管理和效益分析上也发挥了积极作用。企业可以通过大数据分析深入了解各项支出和成本的结构，找到降本增效的空间。同时，大数据还可以帮助企业评估不同项目、业务线的盈利能力，指导企业在资源配置上取得最大效益。

（五）大数据对供应链管理的优化

大数据通过实时监测和分析供应链的各个环节，增强了供应链的可见性。企业可以借助大数据技术对供应链中的物流、库存、生产等方面的数据进行实时追踪和分析，使企业更清晰地了解整个供应链的运作状况。这有助于迅速应对潜在的问题，减少信息滞后对供应链造成的影响。

大数据支持了供应链的预测和规划工作。通过对历史销售数据、市场趋势、季节性因素等多维度数据的分析，企业可以更准确地预测产品需求，优化库存管理，降低库存成本，并确保产品在需要时能够及时交付给客户。

大数据在供应链中的风险管理方面发挥了积极作用。通过对供应链中的各种数据进行全面分析，企业能够更好地识别潜在的风险，例如供应商的不稳定性、交通运输问题等，并采取相应的预防和控制措施，降低供应链的风险程度。

二、大数据分析工具与平台

（一）常用大数据分析工具的介绍与比较

Hadoop 是一个开源分布式存储和计算框架，主要用于处理大规模数据。它的核心包括 Hadoop 分布式文件系统（HDFS）和 MapReduce 计算模型，使得用户能够在大量廉价硬件上进行高性能计算。

Spark 是一个快速、通用的大数据处理引擎，支持数据的批处理、交互式查询、实时流处理等多种计算模式。Spark 的弹性分布式数据集（RDD）是其核心概念，它提供了比传统 MapReduce 更为灵活和高效的数据处理方式。

Flink 是一个基于流处理的大数据处理框架，具有低延迟、高吞吐量的特点。它支持事件驱动的流处理和批处理，适用于实时大数据应用场景。

在数据存储方面，Hive 是建立在 Hadoop 之上的数据仓库工具，可以通过类似 SQL 的查询语言 HQL 进行数据分析。Hive 将数据存储在 HDFS 上，并提供了对大规模数据集的高效查询。

（二）大数据分析平台的特点与选择原则

可扩展性是大数据分析平台的重要特点之一。平台应当具备良好的水平扩展性，能够处理不断增长的数据量和计算需求。这种可扩展性使得平台能够适应业务的发展，并保证系统的性能和稳定性。

多模型支持是大数据分析平台的另一个特点。由于大数据应用场景多样，一个灵活的平台应当支持多种计算模型，如批处理、实时流处理、交互式查询等，这样可以满足不同类型的数据处理需求。

实时性是大数据分析平台的重要考量因素。某些业务场景需要实时的数据分析和决策支持，因此平台应当具备强大的实时数据处理能力，保证数据的及时性。

容错性和高可用性也是大数据分析平台的关键特点。由于大数据系统处理的是庞大的数据集，硬件故障是不可避免的，因此，平台需要具备强大的容错机制，以确保在出现故障时不会导致系统崩溃，并能够快速恢复。

易用性是一个平台能否被广泛应用的关键因素。平台应当提供友好的用户界面和易于使用的工具，使得数据分析师和业务用户能够方便地利用平台进行数据分析，而不需要深入了解底层的技术细节。

（三）大数据分析工具的基本操作与应用

数据导入与清洗是大数据分析的第一步。在使用大数据分析工具时，用户需要将原始数据导入工具中，从不同来源获取数据，如数据库、日志文件、API 等。清洗数据也是必要的，以处理缺失值、异常值和重复项，确保数据质量。

数据探索与可视化是大数据分析的重要环节。工具通常提供丰富的统计和可视化功能，帮助用户理解数据分布趋势和关联关系。通过直观的表格和图形，用户能够更容易地发现数据中的模式和规律。

数据转换与处理是在大数据分析工具中执行的关键操作之一，包括对数据进行变换、过滤、聚合等操作，以便为后续分析做好准备。工具通常提供丰富的数据处理函数和操作符，支持用户对数据进行灵活的处理。

机器学习建模是大数据分析中的高级任务。大数据分析工具通常集成了机器学习算法，用户可以通过简单的界面选择算法、设置参数，然后训练模型，使非专业的数据科学家也能够应用机器学习技术。

（四）学生在大数据分析工具中的培训与使用

工具介绍和环境搭建是学生培训的重要一步。学生需要熟悉大数据分析工具的界面、功能和基本操作。同时，他们还需要学习如何配置和管理工具的环境，以确保顺利进行数据分析任务。

实际案例和项目实践是学生培训的核心。通过实际案例，学生能够将理论知识应用到实际问题中，并逐步熟悉大数据分析工具的使用。项目实践则提供了一个更真实、复杂的环境，让学生在实际项目中应用所学技能。

数据探索和可视化培训是帮助学生理解数据的重要环节。学生需要学会使用工具进行数据探索，发现数据中的模式和关联关系，并通过可视化手段有效地传达分析结果。

机器学习基础是学生培训的另一关键点。培训通常包括对常见机器学习算法的介绍和实际应用。学生需要了解算法的原理、适用场景以及如何在工具中应用这些算法。

团队协作和项目管理也是学生培训的一部分。大数据分析通常涉及多个阶段和多个人的合作。学生需要学会如何有效地在团队中协作，管理项目进度，确保任务按时完成。

继续学习和更新技能是学生培训的最后一步。由于大数据领域技术发展迅速，学生需要建立起持续学习的习惯，关注新技术、新方法，并不断更新自己的技能。

三、大数据分析课程设计

（一）大数据分析课程的教学目标与内容

大数据分析课程旨在培养学生全面掌握大数据概念和相关技术的能力。课程内容包括对大数据的定义、特点和应用领域的深入理解。学习分布式计算、存储系统以及大数据分析工具等基本技术，使学生能够运用统计和机器学习方法处理大规模数据。通过实际项目和案例研究，学生将在真实场景中应用所学知识，培养数据可视化、团队协作和沟通的技能。此外，课程还关注伦理和法律问题，引导学生思考在大数据分析过程中的社会责任。通过团队项目的实践，学生将获得实际经验，并为未来从事数据分析工作奠定坚实基础。

（二）大数据分析项目的设计与组织

大数据分析项目的设计与组织是为了帮助学生将理论知识应用到实际问题解决中，培养他们在大数据环境中进行综合分析和决策的能力。首先，项目设计要注重问题的实际性和挑战性，确保学生需要运用大数据技术和方法解决具体业务难题。其次，项目的组织需要考虑学生之间的协作，模拟真实工作场景，培养团队协作和沟通技能。在项目中，学生可能需要收集、清洗、分析大规模数据，并最终提出有效的解决方案。组织方面要关注学生的学科背景差异，使每个成员能够发挥专业优势。通过实践项目，学生将不仅学到大数据分析的实际操作，还能锻炼解决问题的独立思考和创新能力。

（三）学生在大数据分析课程中的实际操作

在大数据分析课程中，学生的实际操作是课程的关键组成部分。通过实际操作，学生能够将理论知识转化为实际技能，提升他们在大数据领域的实际能力。这一阶段的教学旨在培养学生的动手能力，使他们能够熟练运用大数据分析工具和技术解决实际问题。

学生将学习如何使用常用的大数据分析工具。课程会介绍大数据分析平台的基本操作，使学生能够熟练使用这些工具进行数据收集、清洗、分析和可视化。实际操作将涉及到对真实数据集的处理，以让学生在实践中掌握技能。

学生将参与大数据分析项目的实际操作，可能包括项目的设计、数据的采集与整理、分析方法的选择以及结果的呈现。通过实际项目，学生将更好地理解大数据分析的实际应用场景，培养解决实际问题的能力。

（四）大数据分析课程的评估与改进

评估将侧重于学生的学习成果。通过考察他们在实际操作中的表现、完成的项目和相关考试，评估学生对大数据分析的掌握程度。可以通过定期的小测验、项目报告和综合性的期末考核来完成评估。对教学方法和资源的评估将提供课程改进的方向。评估时学生的反馈、课程材料的实用性和互动性等方面将被综合考虑。还可以采用问卷调查、小组讨论或个别面谈等方式，收集学生对课程设计、教学内容和教学方式的看法，为后续的改进提供依据。

课程的改进需要根据评估结果精确而有针对性地进行，这可能包括更新课程材料、调整实际操作的难度、增加实际案例的引入，以及改进教学方法和互动环节。要不断优化课程内容和形式，确保大数据分析课程始终保持与行业发展同步，为学生提供最为实用和前沿的知识。

第四节　移动学习与社交化学习

一、移动学习的特点与优势

（一）移动学习的定义

移动学习，简称 M-learning，是指学习者通过便携式设备，如智能手机、平板电脑等移动终端，随时随地获取学习资源、进行学习活动的一种学习方式。随着移动技术的飞速发展，移动学习正成为教育领域的重要趋势之一。在移动学习的定义中，便携式设备的使用是关键要素。这些设备的便携性使学习者摆脱了传统教室的限制，可以在任何时间、任何地点进行学习活动。移动学习强调了学习的灵活性和个性化，适应了学习者多样化的需求和学习风格。

（二）移动学习的灵活性与便利性

移动学习的灵活性使学习者摆脱了传统教室的时间和空间限制。学习者可以根据自己的日程安排，在空闲的时候随时随地进行学习，无论是在家里、在公共交通工具上还是在咖啡馆中。

移动学习提供了多样的学习资源和学习方式，学习者可以通过视频、音频、图书、应用程序等多种形式获取知识。这样的多样性有助于满足学习者的个性化需求，使学习更加生动有趣。

移动学习的便利性在于学习者可以自主选择学习的路径和内容，更好地适应他们的学习风格和兴趣。通过移动设备，学习者可以轻松地浏览在线课程、参与讨论、完成作业，而无需受到传统学习环境的限制。

（三）移动学习对学生学习方式的影响

移动学习改变了传统的学习环境，使学生不再局限于传统的教室和书本。通过移动设备，学生可以在家中、图书馆、咖啡店或其他各种场所进行学习，创造了更加自由和灵活的学习环境。

移动学习促使学生形成更加自主和灵活的学习习惯。由于可以随时随地进行学习，学生可以更好地根据个人的生活节奏和时间安排来规划学习，培养了更强的学习自觉性。

移动学习也对学生的学习动机产生了积极的影响。通过引入多样的学习资源、互动方式和个性化的学习体验，移动学习激发了学生的学习兴趣，提高了他们参与学习的积极性。

（四）移动学习在工商管理教学中的适用场景

移动学习适用于课堂内外的知识传递。教师可以通过移动学习平台随时分享课程资料、讲解视频和案例分析，学生可以在课堂外随时随地获取这些资源，提前预习或巩固学习。

移动学习可以促进实践性项目的展开。工商管理专业强调实际问题解决能力，通过移动学习，学生可以更方便地参与虚拟团队项目、模拟企业实践等，加强实践性的学习体验。

移动学习在促进学生间的互动与合作方面也发挥着关键作用。学生可以通过移动设备参与在线讨论、团队协作项目，分享经验和见解，实现更多层次的学习互动。

移动学习为工商管理学科的跨学科知识融合提供了便利。学生可以通过移动设备跨学科地获取信息，拓展对不同领域的理解，促使知识的综合运用。

三、移动应用在工商管理教学中的运用

（一）移动应用在学生项目管理中的支持

移动应用提供了灵活的时间和地点安排，使得学生能够随时随地查看项目进展、任务安排和截止日期。这种实时性的信息访问有助于学生更好地组织时间，提高项目管理的效率。

移动应用为学生提供了便捷的团队协作平台。通过移动应用，团队成员可以轻松共享文件、讨论项目细节，并保持实时沟通。这种高效的协作方式有助于团队协同工作，促使项目取得更好的成果。

移动应用还支持学生进行任务分配和进度跟踪。学生可以使用应用程序为项目制定任务清单、分配责任并随时更新任务进展。这种功能有助于提高团队的整体协同效率。

移动应用同时也提供了便捷的项目监控功能。通过图表、报表等可视化工具，学生可以直观地了解项目的整体状况，发现潜在问题并及时做出调整，确保项目朝着预期目标发展。

（二）学生对移动应用教学的接受度

学生对移动应用教学的接受度与其个人技术能力和熟练程度密切相关。那些对技术较为敏感、熟练运用移动设备的学生可能更容易接受移动应用教学，因为他们更能充分利用应用教学的功能进行学习和任务处理。

教育者在教学中如何介绍和使用移动应用也直接影响着学生的接受度。合理的应用融入课堂教学，能够提高学生的学科学习兴趣，使学生更愿意接受这种新型教学方式。

移动应用教学的实用性和实际效果也是影响学生接受度的因素。如果移动应用能够真正解决问题、提升学习效果，学生自然更愿意接受这一教学方式。

学生对于移动应用教学的态度还会受其对教育创新和未来学习方式的看法影响。那些积极看待教育创新、愿意尝试新方法的学生可能更容易接受移动应用教学。

四、社交化学习的概念与实践

（一）社交化学习的定义与特点

社交化学习是一种基于社交互动和合作的学习方式，其特点在于强调学生之间的互动、合作与分享。在社交化学习中，学习不再是个体孤立进行的，而是通过群体间的交流和合作，促使知识共建和共享。这种学习方式借助社交媒体和在线平台，使学生能够更加灵活地参与讨论、分享经验，并从他人的经验中学到知识。

社交化学习的特点之一是强调学习社群。学生可以通过加入特定的学习社群，与同学、老师或其他专业人士进行交流，分享观点、经验和学习资源。这有助于拓展学生的视野，提高学科素养。

社交化学习的另一个特点是学习过程的社交化。社交化学习注重学生在学习过程中的互动，可以通过在线讨论、协作项目等方式进行。学生之间可以分享自己的理解，共同解决问题，从而增强学习效果。

（二）社交化学习对学科知识建构的促进

社交化学习强调学生之间的互动和合作。通过参与讨论、共同解决问题、协作项目等活动，学生能够在学科知识建构的过程中相互交流，分享不同的观点和见解。这种互动促使学生在群体中形成共识，从而加深对学科知识的理解。

社交化学习提倡学习社群的形成。学生可以加入特定的学科社群，与同学、老师或其他专业人士建立联系。在这个社群中，学生可以通过交流、分享资源等方式，共同构建和拓展学科知识。这种社交化的学习环境有助于学科知识的多元建构。

社交化学习通过在线平台和社交媒体提供了更广泛的学科资源。学生可以通过浏览博客、参与在线论坛、观看专业讲座等途径获取各种与学科相关的信息和知识。这种信息的共享和传播有助于学科知识的全面建构。

总体来说，社交化学习通过促进学生之间的社交互动、学科社群的形成以及广泛的学科资源共享，有效地推动了学科知识的建构和深化。这种学习方式有助于培养学生对学科知识的全面理解和创新应用能力。

（三）社交化学习与团队协作的关系

社交化学习强调学生之间的互动和合作。团队协作是一种自然而然的社交化学习方式，通过小组项目、合作任务等形式，学生在团队中相互交流、分享观点和合作解决问题。这样的互动促进了学生在学科知识建构中的积极参与和共同努力。

团队协作提供了学生社交化学习的实践场景。在团队中，学生需要共同制定计划、分配任务、解决问题，这要求他们不仅在学科知识上进行交流，还需要在实际项目中进行团队协作。这种实践性的社交化学习过程有助于加深学生对学科知识的理解，培养团队协作的能力。

社交化学习和团队协作共同倡导学习社群的建立。团队可以被看作是一个小型的学习社群，成员之间通过合作共同推进学科知识的建构。这样的学习社群在促进社交化学习中发挥了重要作用，同时也加强了团队成员之间的彼此联系。

（四）社交化学习对问题解决能力的培养

社交化学习强调学生之间的合作和互动。在这个过程中，学生不仅仅是接受知识，更是通过交流和合作来与同学共同解决问题。这种团队性的学习方式鼓励学生通过社交互动产生新的思路和见解，从而更全面地理解问题。

社交化学习提供了多元化的观点和解决方案。通过学生之间的互动，他们能够分享不同的经验、观点和解决方案。这种多元性有助于学生在问题解决过程中从不同角度思考，提高解决问题的创新性和多样性。

社交化学习通过小组合作和团队项目的形式培养了学生的团队协作和沟通能力，这对于解决复杂问题至关重要。学生在团队中共同协作，相互协商，能够更好地应对问题，并从中获取解决问题的实际经验。

五、社交媒体在工商管理专业学习中的应用

（一）社交媒体在学科讨论中的作用

社交媒体提供了即时的互动性。学生可以通过社交媒体平台实时分享和讨论与学科相关的信息、观点和问题。这种及时的互动使学科讨论更加活跃，有助于学生迅速获取反馈和不同意见，促使他们更深入地思考和探讨学科问题。

社交媒体为学科讨论提供了广泛的参与机会。通过社交媒体平台，学生可以跨越时空的限制，方便地与其他同学、教师以及学科领域的专业人士进行互动。这种广泛的参与促使学科讨论更具多样性，集聚了来自不同背景和经验的观点。

社交媒体在学科讨论中还提供了丰富的多媒体资源。学生可以通过分享图片、视频、链接等形式，更生动地展示学科相关的内容。这种多媒体的呈现方式使学科讨论更加生动有趣，有助于激发学生的学科兴趣。

社交媒体为学科讨论提供了便捷的存档和检索功能。学生可以方便地查看之前的讨论记录，回顾学科知识的发展过程。这种存档和检索的功能有助于学生更好地整理和理解学科知识，增加学科讨论的深度和广度。

（二）社交媒体对学生专业交流的促进

社交媒体扩展了学生的专业社交圈。通过社交媒体平台，学生可以与来自不同地区、不同学校以及不同背景的同行进行连接和交流。这种扩展的社交网络使学生能够接触到更多专业领域的信息和观点，促进了跨学科的专业交流。

社交媒体提供了即时的专业信息更新。学生可以通过关注专业领域的专业人士、学者或者相关机构，获取最新的专业动态、研究成果和行业趋势。这种

实时的信息更新有助于学生保持对专业领域的敏感度，促使他们更加主动地参与专业交流。

社交媒体为学生提供了分享专业经验和见解的平台。学生可以通过发布专业观点、项目经验、学术研究等内容，展示自己的专业能力和见解。这种分享有助于促进学生之间的专业交流，激发创新思维，形成更具深度和广度的专业讨论。

社交媒体为学生提供了在线专业活动的参与机会。学生可以通过社交媒体获知并参与专业研讨会、行业会议、专题讲座等活动。这种线上参与的方式使得学生无须受到地理位置的限制，更加便捷地参与到各种专业活动中，丰富了专业交流的形式和内容。

（三）利用社交媒体进行学科知识分享

社交媒体提供了实时而广泛的信息传播渠道。教师和学生可以通过发布文字、图片、视频等多媒体形式的内容，迅速将学科知识传递给关注他们的社交媒体群体。这种实时的信息传播有助于及时分享最新的学科发展、研究成果和学科前沿信息。

社交媒体的互动性促进了学科知识的分享和交流。师生之间可以通过评论、转发等方式进行互动，进行深入的学科讨论。这样的互动过程不仅促进了知识的共享，也有助于激发学生的学科兴趣和主动性。

社交媒体平台上的专业群体和社区为学科知识分享提供了特定领域的聚合点。通过加入相关领域的专业群组，教师和学生可以在一个专业化的社交环境中分享和获取更高深的学科知识。这种精准定位的分享有助于更好地满足学生个性化的学科需求。

（四）社交媒体对学生职业发展的支持

社交媒体提供了广泛的职业信息渠道。通过关注行业领军人物、企业官方账号以及相关职业社区，学生可以获取实时的职业动态、行业趋势和招聘信息。这种信息的获取有助于学生更全面地了解职业市场和规划个人职业发展路径。

社交媒体为学生提供了建立和拓展职业人脉的平台。通过主动参与行业讨论、加入相关专业群体，学生有机会与行业内的从业者、导师和同行建立联系。这些人不仅能为学生提供职业指导和建议，还可能成为未来职业发展中的合作伙伴或雇主。

社交媒体平台上的个人品牌建设对学生职业发展至关重要。学生可以通过发布与专业相关的内容、分享学术和实践经验，展示自己的专业素养和个人特长，这有助于提升个人可见度，吸引潜在雇主的关注，为未来职业发展奠定基础。

社交媒体还为学生提供了参与行业活动和线上研讨的机会。学生可以通过关注行业组织、参与线上研讨会和专业活动，深入了解行业动态，积累行业经验，进一步提升自己在特定领域的专业知识和技能。

（五）社交媒体在教学评估与反馈中的应用

社交媒体提供了实时互动的平台，教师可以通过在社交媒体上发布问题、讨论话题或提出挑战，迅速了解学生对知识点的理解程度和学习进展。这种实时互动有助于教师及时调整教学策略，更好地满足学生的学习需求。

社交媒体为学生提供了交流和合作的空间，学生可以在社交平台上共享学习体会、讨论问题，形成学习社群。教师可以通过观察学生在社交媒体上的互动，了解学生之间的协作情况，评估团队项目的合作效果。

社交媒体还可以用于学生之间的互评与同伴评价。通过设立相关讨论主题或评价标准，学生可以相互评论和评估彼此的作业、项目或表现。这种同侪评价有助于培养学生的批判性思维和团队合作能力。

参考文献

[1] 黄静玮. 工商管理理论在媒体融合中的应用与实践探索 [J]. 老字号品牌营销, 2024(02):78-80.

[2] 冯建平, 杨洁. "1+X" 证书制度下应用型本科院校工商管理专业实践课程体系建设研究 [J]. 科教导刊, 2023(21):22-25.

[3] 范文晶, 常梦鸽. "1+X" 证书制度下应用型本科院校工商管理专业人才培养方式探索与实践 [J]. 人才资源开发, 2022(24):15-17.

[4] 马卫东, 项华录, 陈俊羽. 应用型本科高校工商管理类专业实践教学体系改革与实践——以宿迁学院工商管理类专业为例 [J]. 高教学刊, 2022(31):119-122.

[5] 吴楠, 李东升, 刘丹. 地方高校应用型人才培养的实践探讨——以山东工商学院工商管理专业为例 [J]. 中国高校科技, 2022(10):55-59.

[6] 刘欢. 探析应用型工商管理本科专业实践教学体系构建路径 [J]. 中国多媒体与网络教学学报 (上旬刊),2022(10):190-194.

[7] 彭正宇. 探析应用型工商管理本科专业实践教学体系构建路径 [J]. 科学咨询 (科技·管理),2022(05):120-122.

[8] 罗丽琼. 基于产教深度融合的应用型人才培养模式创新与实践——以工商管理专业为试点 [J]. 企业改革与管理, 2022(04):70-72.

[9] 李杰.《工商管理理论、实践与应用》翻译实践报告 -("制造业"1-2章)[D]. 杭州：杭州师范大学, 2021.

[10] 夏丽君.《工商管理：理论、实践与应用》（第 5-5 章）英汉翻译实践报告 [D]. 杭州：杭州师范大学, 2021.

[11] 李晓珏 . "产学研用"模式在工商管理专业教学中的应用 [J]. 投资与合作 ,2021(08):151-152。

[12] 谢学军 , 王书可 , 孙春军等 . 基于实践视角的应用型本科院校工商管理专业学生培养路径分析 [J]. 常州工学院学报 ,2021(02):98-101。

[13] 刘洁 . 高校工商管理专业课程教学改革的创新与实践 [J]. 现代商贸工业 ,2021(07):131-132。

[14] 惠春丽 . 基于"产教融合 , 校企合作"模式的应用型工商管理类专业实践教学体的研究 [J]. 质量与市场 ,2020(15):110-112。

[15] 周古月 . 基于应用型人才视角下工商管理教学模式研究 [J]. 中阿科技论坛 (中英阿文),2020(06):194-195。

[16] 宋晟欣 , 雷霞 . 双一流背景下工商管理基本理论与实践应用研究 [J]. 化工进展 ,2020(06):25-21。

[17] 翟茹洁 . 应用型本科院校工商管理专业模拟实践教学设计研究 [J]. 湖北开放职业学院学报 ,2020(05):125-124。

[18] 王可男 , 王新钢 , 韩敏敏 . 工商管理类专业应用型人才培养模式与实践探索 [J]. 现代商贸工业 ,2019(34):81-82。

[19] 王存教 . 基于应用型人才培养目标的工商管理类本科专业实验教学与实验室建设的改革与实践——以西北民族大学为例 [J]. 中国乡镇企业会计 ,2019(11):287-288。

[20] 赖舒云 . 应用型本科工商管理类专业实践体系构建 [J]. 现代营销 (经营版),2019(12):235。

[21] 闫彩玲 , 薛丽红 , 彭丽 . 高职院校工商管理专业产教融合应用型实践教学体系构建的研究 [J]. 科技风 ,2019(31):80。

[22] 罗玉明 . 工商管理专业应用型课程建设及其标准研究与实践 [J]. 决策探索 (下),2019(09):62-63。

[23] 张德 , 王雪莉 , 张勉 . 管理学 [M]. 北京：人民邮电出版社 ,2015。